新形势下中国企业经营管理国际化研究

潘 倩 著

中国财富出版社有限公司

图书在版编目(CIP)数据

新形势下中国企业经营管理国际化研究 / 潘倩著. — 北京 ：中国财富出版社有限公司，2021.4

ISBN 978-7-5047-7389-0

Ⅰ. ①新… Ⅱ. ①潘… Ⅲ. ①企业经营管理—国际化—研究—中国 Ⅳ. ①F279.23

中国版本图书馆 CIP 数据核字(2021)第 053223 号

策划编辑	李　如	**责任编辑**	邢有涛　李　如	**版权编辑**	李　洋
责任印制	梁　凡	**责任校对**	卓闪闪	**责任发行**	杨　江

出版发行	中国财富出版社有限公司		
社　　址	北京市丰台区南四环西路 188 号 5 区 20 楼	**邮编**：	100070
电　　话	010-52227588 转 2098(发行部)		010-52227588 转 321(总编室)
	010-52227566(24 小时读者服务)		010-52227588 转 305(质检部)
网　　址	http://www.cfpress.com.cn	**排版**	北京盛世达儒文化传媒有限公司
经　　销	新华书店	**印刷**	北京九州迅驰传媒文化有限公司
书　　号	ISBN 978-7-5047-7389-0/F・3335		
开　　本	880 mm×1230 mm　1/32	**版　　次**	2022 年 7 月第 1 版
印　　张	6.75	**印　　次**	2022 年 7 月第 1 次印刷
字　　数	181 千字	**定　　价**	52.00 元

前　言

伴随着我国改革开放和社会主义现代化建设的进程，近年来“一带一路”倡议的实施，使经济不断发展的同时，为企业的发展开启了一个全新的时代——全球化、信息化、国际化时代。在这样的背景之下，企业的发展既面临着机遇，又面临着挑战。为了企业的全面可持续发展，积极开发探索国际化经营模式就变得非常重要。

本书从我国企业国际化现状着手，分析全球经济形势、我国企业国际化经营的动机与目的以及我国企业国际化经营模式选择等内容，并采用历史与现实相结合的研究方法，对产业演化的规律和我国企业国际化经营的实践进行分析，就我国如何促进企业经营国际化进行相应的研究。

在本书编写过程中，笔者得到许多专家和同行的热情支持，并参考和借鉴了国内外公开出版的文献，在此一并致谢！

由于笔者水平有限，书中难免存在不足或疏漏之处，恳请广大读者批评指正。

潘　倩

2020 年 10 月

目　　录

绪 论

一、全球化

第二次世界大战结束以来，所谓的“全球化”，表现为政治上的民主化、经济上的一体化、社会交往的自由化、文化传播的多元化。在全球化的表象之下，是国际体系、国际秩序和国际格局三者的互动，正是这三者经过近一百年的变迁，形成了全球化发展的深层动力。因此，也应该从国际体系、国际秩序和国际格局三个角度出发，对全球化的过去、现在和未来进行细致的梳理。

（一）国际体系

国际体系的名称在国际关系史中曾多次出现，从威斯特伐利亚体系到维也纳体系，再到第一次世界大战后的凡尔赛体系和第二次世界大战后的雅尔塔体系，国际关系史从这个角度来看就是一部国际体系变迁史。而在学术界，围绕国际体系的争论也从未停止。结构现实主义的代表人物肯尼思·华尔兹认为，体系指构成要素互动所形成的一个系统。在中国学者阎学通看来，国际体系主要由国际行为体、国际格局和国际规范所构成。而在学者秦亚青的文章中，国际体系的构成要素包括体系结构、制度结构和规范结构三要素。伊曼纽尔·沃勒斯坦则从政治经济学的角度分析国际体系，他认为所谓国际体系，本质上是资本主义在世界范围内的扩张，由此形成了“中心国家—边缘国家—半边缘国家”的等级体系，这种国际体系的特征表现为中心国家对体系的控制，以及边缘国家、半边缘国家对中心国家的反抗和它们之间的竞争。

（二）国际秩序

与国际体系相同，国际秩序的概念也广泛地出现在国际关系史中，如以古代中国为核心的东亚朝贡秩序，以强权政治为核心的国际旧秩序，以各领域划分的国际经济秩序、国际政治秩序、国际安全秩序等。有关国际秩序的讨论，在相关领域十分热烈。布尔主张建立具有普遍意义的国际法，帮助动员国际社会行为体遵守国际社会的规则，维护世界政治秩序。

国际体系是最宏观的概念，是一切国际行为体相互作用的最终归宿。国际秩序侧重于各行为体对现状的主观认同，这种主观认同需要通过国际机制加以确立。就国际格局而言，各行为体具有最微观、最直接的作用，表现为体系内各行为体的力量分布与对比。

（三）国际格局

纵观近一百年的国际关系发展史，国际格局的变迁极为频繁，如某行为体的崛起或者衰落，在一定程度上改变了原有的区域力量对比，从而引起国际格局的变动。例如 20 世纪 30 年代经济危机后德国的崛起、第二次世界大战后日本经济的恢复、改革开放后中国综合国力的上升，这些事件都一定程度上改变了当时的国际格局。当原有的国际秩序不能更好地维护新的国际格局，或者现有的国际秩序不能满足行为体新的利益需求时，国际秩序就将面临变动。各行为体的国际力量发生了根本性改变，原有的国际秩序也彻底消失，新的国际格局和国际秩序被重新建立，这个时候国际体系就发生了变动。

从国际格局、国际秩序和国际体系三个角度分析今天的全球化，可得到一个大致的图景：全球化的发展造成了国家间发展差距扩大，在国际格局层面，造成了国家间力量对比的变化；国际格局的变迁导致原有的国际秩序不能很好地满足一些国家的利益需求，出现了变革国际秩序的声音；如果国际格局持续变迁，引发了国际秩序的根本性变革，也就预示着在未来的某一天，国际体系也将随之发生根本性转变，而且这种转变也许会伴随着冲突与战争。

二、中国的崛起

中国经过改革开放 40 多年的发展，已经深度融入全球化，经济的发展带动了国家综合国力的全面上升。中国的崛起不以任何国家为参照物，因为这是从无到有的历史必然趋势，而这种绝对的崛起也不经意间改变了某些领域原有的实力分布和国际格局。

以全球价值链为切入口，可以窥视中国崛起的大致历程。

从最初游离于全球价值链以外，到后来以全球价值链底端的生产部分为入口，承接国际产业转移，中国逐渐产生并扩大自身在全球价值链中的影响力。在全球价值链框架下，全球化表现为以分工为主的生产全球化。在生产的过程中，伴随着生产流程的分解，不同的国家根据自身的要素禀赋，选择不同的生产环节，这就为各国在全球范围内按照比较优势原则选择最佳的生产布局提供了条件。中国在全球价值链中的比较优势在于劳动密集型产业，第二产业（工业）长期在国民经济比重中处于约 45%的位置（见图 1）。

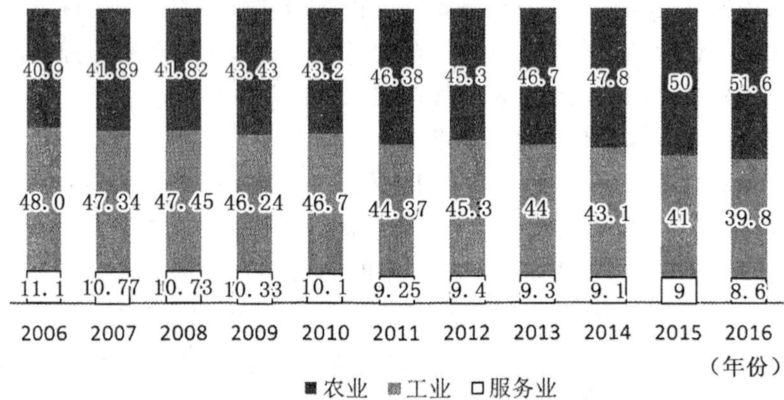

图 1　2006—2016 年中国 GDP（国内生产总值）各产业比重（%）

（数据来源：《逆全球化环境下的上海发展与创新》）

在全球价值链中，“投入产出”是考察一国经济对外依存度，以及所处价值链位置的重要概念。在投入产出中，可具体分为中间品贸易与最终品贸易。从 1995 年有统计以来，中国中间品贸易基本呈现上升态势。2016 年，中国中间品进出口贸易总额已经超过 2 万亿美元，这一数额已经占到当年中国进出口贸易总额的 60%以上。与此同时，从世界范围来看，2016 年，全球中间品贸易总额为 15.744 万亿美元，中国的中间品贸易总额约占世界总额的 13%，已经跃居世界第一。在最终品贸易中，截至 2011 年，中国最终品出口额超过 0.9 万亿美元，中国成为世界上最大的最终品出口国，而中国最终品的进口额却不到 0.4 万亿美元（数据来源：《逆全球化环境下的上海发展与创新》）。

由此可见，经过改革开放 40 多年的发展，中国凭借强大的制造能力已经成为全球生产工序中最大的“生产者”，这种粗放、出口导向的高增长发展模式被经济学家归结为“世界工厂的发展模式”。这也带动了中国经济的高速发展，使得中国 GDP 总量在 2012 年超过日本，居世界第二位。而且，随着中国产业体系的逐渐完备，中国不可能被持续限制在价值链的“生产端”，根据产业的发展规律，一个国家在中低增加值的位置稳定以后，必然要向以技术密集型为导向的高增加值产业发展，也就促成中国出台以“中国制造 2025”为核心的产业链升级规划，力图使综合实力进入世界制造强国前列。

因此，中国的绝对崛起就表现在以全球价值链为基础的制造能力的增强，以及在此基础上对区域安全、发展模式和全球化理念等多个方面影响力的提升。

“冷战”以后，全球化能够快速推进的一个重要原因就是全球价值链基本形成，世界上大部分国家依据比较优势和要素禀赋差异，参与了全球分工体系，为满足生产而出现的最终产品和中间产品的跨国流动，即全球贸易。同时，全球价值链不仅关注“量”的多少，也在乎“质”的提高，这就出现了产业增加值的不同和全球价值链的垂直分工，技术密集型产业占据着价值链的高增加值位置，劳动密集型产业占据着低增加值的位置。在全球化背景下，增加值的高低决定全球化是否向纵深方向发展。

第一章

中国企业国际化经营的动机与目的

第一节　劳动力要素禀赋优势的发挥

一、要素禀赋理论

要素禀赋，是指一个国家所拥有的两种生产要素的相对比例。一般来说，在要素禀赋存在差别的情况下，若一个国家的要素禀赋大于其他国家，则称该国为资本（相对）丰富或劳动力（相对）稀缺的国家。要素禀赋理论最早是由两位瑞典经济学家赫克歇尔和俄林提出的，后经萨缪尔森等人完善。主要内容包括赫克歇尔-俄林理论（简称 H-O 定理）、要素价格均等化理论以及要素积累对国际贸易影响等。

要素禀赋理论有两个对要素的衡量指数，即要素密集度和要素充裕度。

二、中国劳动力要素的状况

劳动力指劳动者的劳动能力，即人们在进行劳动时所付出的体力和脑力的总和，在社会生产力中具有决定意义的因素。生产资料只有在同劳动力相结合时，才能现实地创造出物质资料。劳动力在这种物质资料生产过程中，自身也得到了锻炼和提高。中国作为世界第一人口大国，丰富的劳动力资源成为中国企业独有的资源优势。与其他国家相比，中国巨大的劳动力数量和低廉的劳动力成本铸就了中国企业在长期内特有的比较优势。

（一）中国劳动力现状

按照国际通用概念，劳动力成本指劳动力的工资、各种补贴以及培训费用的总和。劳动力成本能够反映一个国家或地区的国际经济竞争力。劳动力成本是决定国家经济竞争力及国际工业领域外资流向的主要因素。劳动力成本的差距正成为工业国家选择投资地点的最重要标准。低廉的劳动力成本支撑了“中国制造”低价这一现实，也将成为中国企业国际化经营战略中不可多得的优势所在。依据我国劳动力市场上的需求情况，制定企业就业发展战略必须知道未来劳动力市场的走势，其中重要的一点是关注劳动力市场的供给状况。

（二）中国劳动力市场的供给状况

第九届全国人民代表大会常务委员会副委员长蒋正华进行国家人口发展战略研究，并将研究成果公布出来。我国人口在2033年前后达到峰值15亿人左右。劳动年龄人口总量高峰在2013年，总量达到10亿多人。《社会蓝皮书：2021年中国社会形势分析与预测》报告称，“十四五”期间中国劳动年龄人口依然能保持在9亿左右。中国劳动力市场需求旺盛，这也就意味着人们有更多的机会参与劳动力市场，这是劳动力市场供给和需求的结果。我国劳动力供给可以用劳动年龄人口总量代表，对经济增长产生一些重要的影响。中国长期劳动力供给十分丰富，充分供给劳动力对我国经济增长做出了巨大的贡献。从理论上说，劳动力供给充分可以带来两个效果。第一个效果是劳动力十分丰富而且便宜，使中国劳动密集型产品在国际上能够占据份额。中国经济增长在这个时期属于外向型，劳动年龄人口占的比重大，需要抚养的人比较少，因此经济剩余比较大，可以转化为储蓄率，从而保证资本的投资。第二个效果是存在人口红利。人口红利低则意味着人口结构中劳动力不足；人口红利高则意味着劳动年龄人口比重大，人口结构比较有优势。由统计结果可知，人口抚养比每下降 1 个百分点就可以导致经济增长速度提高 0.115 个百分点。因此，经济增长就得益于人口抚养比下降，我国的人均 GDP 增长中 1/4 的贡献来自人口红利。同样，如果人口抚养比每上升 1 个百分点，也会导致经济增长速度降低 0.115 个百分点。2013 年之前，中国的总人口抚养比一直在下降，下降就一定带来人口红利，每下降 1 个百分点，人均 GDP 增长 0.115 个百分点，即人口抚养比的下降促进了中国经济的增长，为中国企业进一步进行国际化经营提供了非常有效的劳动力资源优势。这一理论在现实中是得到验证的。

（三）中国劳动力的价格状况

回望中国经济的发展历程，自我国改革开放以来，快速经济增长主要依靠的是发展外向型经济。外向型经济使用的劳动力资源十分丰富，使得我国企业生产的劳动密集型产品价格低廉，在国际市场中占据巨大份额。甚至与同期的发展中国家相比，中国制造业的时薪仅仅领先于斯里兰卡、巴基斯坦等国，甚至落后于巴西、墨西哥和泰国。

1. 与发达国家相比，我国企业具有劳动力要素优势

从图 1-1 中可以看出，2005 年中国制造业劳动力时薪只相当

于英国的2.72%，美国的2.95%，日本的3.21%，韩国的5.15%和葡萄牙的9.59%。

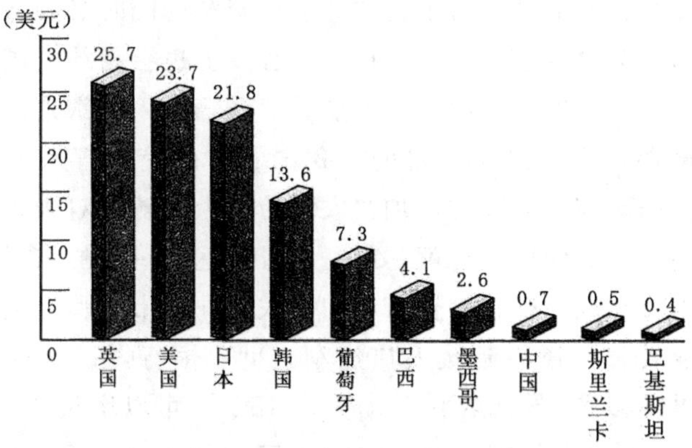

图1-1　2005年中国与世界部分发达国家和发展中国家制造业劳动力时薪对比

2. 与其他发展中国家相比，中国仍然享有一定的劳动力低成本优势

与发展中国家相比，中国落后于巴西、墨西哥。这说明我国与同期的第三世界的部分国家相比，工资水平仍然偏低。中国企业的劳动力具有很强的价格优势，除此以外，中国的劳动力质量很高，这是中国的优势。

（四）中国劳动力的结构特点

在中国劳动力不断发展的过程中，也同样出现了人口老龄化问题。老龄人口较过去增长较快，但总体所占比重不算很高，中国劳动力仍以青壮年为主。中国自改革开放以来，GDP增长较快，由索洛模型可知，经济增长最终归功于劳动年龄人口增加。中国这样一个人口大国，尤其是一个庞大的农业人口国家，能够取得现在这样的成绩，必然会为未来经济的发展减轻很大的负担，也能在一定程度上促进经济的腾飞。因此，如果能够找到更多解决农民工就业问题的新途径，会对中国经济发展产生很大的推动作用。而发展企业国际化经营战略，在发挥我国劳动力优势的同时就必然会带动更多农民工就业。

当然，在考虑到农村丰富的劳动力资源的同时必须认识到农民工平均受教育水平不高，这在一定程度上也会制约我国企业国际化经营战略的发展。因此，发展教育和培训，特别是加强对农民工的培训是重中之重。目前，我国农村的受教育水平还比较低，但根据研究可以看到，加快农村劳动力的转移对未来经济发展可起到巨大的作用，也就是说，教育要达到一定的水平才能加速劳动力流动。同样，加快劳动力从农村向城市转移、从农业向非农产业转移，还能延缓人口红利。世界银行做过这样一个模拟：如果转移出 1%的农村劳动力，GDP 就可以增长 0.7%；如果转移出 5%的农村劳动力，GDP 就可以增长 3.3%；如果能转移出 10%的农村劳动力，GDP 就可以增长 6.4%。因此，当劳动力供给不再充沛的时候，加快农村劳动力转移可以延缓人口红利，使经济持续高速增长。因此，更快、更好地利用农民工资源，是我国更快实现工业化发展的重要因素，而中国企业发展国际化经营必然会吸纳更多廉价的农民工投入劳动密集型制造业中。

三、中国劳动力资源优势的理论分析

（一）用刘易斯二元经济结构理论说明中国劳动力资源优势所在

基于我国经济突出的二元结构，在此引入刘易斯二元经济结构理论进行说明。著名经济学家刘易斯认为，在发展中国家经济发展过程中，必然会出现传统农业部门和现代工业部门并存的现象。因为传统农业部门存在着大量剩余劳动力，可以说存在无限的劳动供给。现代工业部门生产率高，工资比农业部门高，诱使农业剩余劳动力向现代工业部门转移。这样既推动现代工业部门继续扩张，推动经济发展，又促使农业部门生产率提高，并逐步向现代工业部门靠拢，此时经济的二元结构即将消失。这是刘易斯借助二元经济理论为发展中国家二元经济结构转化提供的基本路径，这对认识我国二元经济结构转换具有重要的借鉴意义。针对中国农村存在大量的剩余劳动力的情况，工业扩张可以在不提高工资成本的条件下开展，工业资本积累很高。这种低工资、高积累的过程将一直持续到农村劳动力被吸纳。而我国目前正处在工业扩张和吸纳农村劳动力的阶段，因此，充裕的劳动力促进了我国经济的快速发展，推动了我国企业更快发展国际化经营。

（二）用要素禀赋理论中的要素密集度来分析中国劳动力资源优势所在

要素密集度是以中国制造业中的优势产业来看的。优势产业从资源密集型产业向劳动密集型和资本密集型产业转变，其中以劳动密集型为主。中国的劳动力成本优势主要体现在国际分工中劳动密集型的产业活动上。在国际产业分工中，中国出口的旅行用品、运动用品，服装、饰品、玩具、鞋类已占世界同类产品出口份额的1/4～1/3，针织内衣和针织外套、纺织内衣和纺织外套约占世界同类产品出口份额的1/5。如人们常说，服装相较于汽车为劳动密集型产品。生产服装的时候，我们可以选择劳动力较多的生产方式，而生产汽车的时候，我们可以使用资本较多的生产方式。只要要素是可替代的，就一定可以做到。服装相对于汽车为劳动密集型产品，一个隐含的假定是，在要素价格相同的时候，生产者又是利润最大化的。而我国制造业以劳动密集型产业为优势产业这一现状，有利于进一步发展国际经营战略。

价格优势不仅体现在劳动密集型产业，在一些高端行业、技术密集型产业，劳动力价格仍然有着相当大的优势。中国劳动力的性价比极高。中国劳动力不仅节省原料，工作节奏也很快。综合下来，还是中国劳动力创造的利润更多、成本更少。中国劳动力价格优势在短期内不会消失。

第二节　吸引国外先进的技术

一、与世界各地相比我国的技术水平

联合国专家从人类发展研究的宗旨出发，设计了 TAI（技术成就指数）这样一个综合指数。《人类发展报告》提出 TAI 是为了体现各国在网络时代技术创新的状况和能力。TAI 着重评价各国技术创造、新兴技术应用、传统技术应用以及人的技能培养四个方面的能力。评价一个国家的技术发展有许多角度，如技术实力、技术竞争力、技术创新能力等。在这些具有不同内涵的概念指导下设立指标体系进行测度，从而得出不同的结论和排序结果。

联合国《2001 年人类发展报告》对世界各地按 TAI 排序，对 72 个国家（地区）按 TAI 进行评比排序，将这些国家分为 4 种。

（一）技术领先者

TAI 大于 0.5 的国家共 18 个，被称为“技术领先者”，处在技术创新的前沿，具备持续的自主创新能力，在技术创造、扩散和技能培养方面都拥有很高的成就。其中，芬兰、美国、瑞典和日本分列第 1～4 名，韩国和新加坡是引人注目的两个国家，分列第 5 名和第 10 名，它们近几十年来技术进步神速。

（二）潜在的技术领先者

TAI 在 0.35～0.5 的国家（地区）有 19 个，被称为“潜在的技术领先者”，包括西班牙、意大利、希腊、葡萄牙、匈牙利、波兰、捷克、马来西亚等。这些国家（地区）在人的技能指标方

面与“技术领先者”相仿，传统技术扩散也较为广泛，但创新能力比较弱。

(三) 技术的积极采用者

TAI在0.2～0.34的被称为“技术的积极采用者”，共26个国家。这些国家积极采用新技术，且大多有重要的高技术产业和技术中心，但传统技术的扩散比较缓慢并且不够普遍。

TAI指标的设计目的正在于反映每一位公民享受技术成果的机会和国家的技术普及能力。

(四) 技术落后者

TAI低于0.2的被称为“技术落后者”，有9个国家。这些国家在技术扩散和技能培养方面落后甚远，大部分人口还未能从传统技术的扩散中受益。

二、我国技术的发展

我国虽然是“技术的积极采用者”，但技术发展水平与国际发达国家相比，仍处于落后地位。我国使用的科学技术主要从发达国家或地区引进。引进先进技术，是科学技术发展的需要，也是我国加强现代化建设的需要。我国从国情出发，引进国外先进技术，力求取得最好的经济效益。我国引进的重点是软件、先进技术、关键设备以及先进的管理方法。原则是有目的、有计划、有选择地引进我国需要的先进技术，同我国现有的技术改造相结合，同国内的消化、吸收、运用和创新相结合，使之有利于提高国产化水平。技术创新是企业提高竞争力的根本途径。

随着改革开放的深入，中国技术引进在2006年又创历史新高。据商务部统计，2006年全国登记技术引进合同共计10538项，合同总金额220.2亿美元，同比增长15.6%；其中，技术费147.6亿美元，占合同总额的67%。欧盟是2006年中国技术引进的最大来源地，中国从欧盟引进技术2597项，合同金额高达86.6亿美元，占全国技术引进合同总额的39.3%。日本和美国分列第二位和第三位，引进金额分别为52.4亿美元和42.3亿美元，金额占比分别为23.8%和19.2%。2006年，电子及通信设备制造业技术引进继续保持高速增长，该行业共引进技术1559项，合同金额高达41.5亿美元，同比增长97.3%，占全国技术引进合同总额的18.9%，超过铁路运输业，重新成为技术引进第一大行业。

《我国人均GDP与美国人均GDP差距分析——基于索洛模型》一文显示，中国的TAI分值为0.299，排名第45位，反映了我国技术发展基本处于世界中等水平。把落后农村地区的人口考虑在内，我国的平均技术水平不仅与发达国家存在巨大差距，也与以中等发达国家和地区为主体的“潜在的技术领先者”存在一定差距。特别需要注意的是，一些发展中国家的平均技术水平也高于我国，已经进入“潜在的技术领先者”行列。

按照TAI进行评价，中国属于“技术的积极采用者”。改革开放以来，虽然我国积极引入国外资金并大量引进先进技术，在短期内提高了主要产业的技术水平，对于国民经济发展起到了推波助澜的作用，但是我国多数产业的主体技术源自国外，企业的自主创新能力不足，这是制约我国产业竞争能力提高的主要原因之一。根据国际对比研究，研究与试验发展经费与国内生产总值的比例（R&D/GDP）小于1%的国家，基本处在技术引进与应用的水平，而中等发达国家的R&D/GDP指标一般都超过1.5%，发达国家的R&D/GDP指标全部在2%以上。《中国科技统计年鉴》显示，1998年我国的R&D/GDP指标为0.69%，基本与“技术的积极采用者”的评价相符。

我国是一个发展中大国，人均自然资源短缺、科学技术相对落后。而我国的产业技术水平和劳动力的技能水平处于世界的中等层次，存在总量巨大和内部结构复杂的情况。从 TAI 指标评价结果来看，我国高素质劳动力培养和技术传播能力的高等教育及通信设施的普及方面与发达国家甚至一些发展中国家相比都存在差距。

表 1-1 为中国与世界主要国家从事 R&D 活动的科学家和工程师构成。

表 1-1 中国与世界主要国家从事 R&D 活动的科学家和工程师构成

构成 国别/年份	R&D 机构（%）	企业（%）	高等院校（%）
美国（1988）	7.0	75.4	14.3
日本（1990）	5.6	64.8	27.2
英国（1988）	11.5	68.5	20.0
印度（1988）	55.3	26.2	15.8
韩国（1990）	14.8	54.9	30.0
加拿大（1988）	11.9	45.8	41.0
法国（1989）	20.3	45.0	33.0
中国（1993）	41.47	14.19	37.59

（数据来源：《中国工业科技现状及分析》）

从表 1-1 中可以看出，美国、日本、英国、印度、韩国、加拿大、法国等国家在企业中从事 R&D 活动的科学家和工程师比重均比中国多出许多，除印度外，其他国家同一指标均为中国的 3 倍以上，美国约为中国的 5.3 倍，日本约为 4.6 倍，英国约为 4.8 倍，印度约为 1.8 倍，韩国约为 3.9 倍，加拿大约为 3.2 倍，法国约为 3.2 倍，说明在中国工业领域 R&D 活动中，科学家和工程师的就业比重在国际上是相当低的，与发达国家相比差距很大。尤其是美国、日本、英国等发达国家，工商企业都是科学家和工程师的主要就业单位。这就为美国工业技术快速、高水平发展提供了高素质的人力资源。与之相反，中国企业从事 R&D 活动的人员比重一直偏低，到 1993 年以后，又出现了进一步下降趋势。高等院校、企业和 R&D 机构三者的科技人员比重也不合理，R&D 机构与企业脱节，每年开发出的新技术、新产品未能及时进入商业化生产，造成科技人员的巨大浪费。

表 1-2 为中国企业 R&D 经费数额及比重。从表 1-2 中可以看出，我国企业利用技术的比例在不断增加，但企业中 R&D 所占比例仍不足一半。

表 1-2　中国企业 R&D 经费数额及比重

年份	1989	1990	1995	1996
R&D 经费（亿元）	26.26	38.99	44.50	91.1
占全国比重（%）	23	27.4	22.7	31.85

（数据来源：《中国科技统计年鉴》）

1991 年，在美国、日本、法国、英国、意大利、加拿大等国，其 R&D 经费比重都在 53%以上，美国为 70.3%，日本为 70.8%，法国为 60.4%，英国为 64.1%，意大利为 55.8%，加拿大为 53.2%（见表 1-3）。

表 1-3　1991 年主要国家工业 R&D 经费数额及比重

国别 \ 分类	全国	工业	工业占全国比重（%）
美国（百万美元）	145385	102246	70.3
日本（十亿日元）	13769	9743	70.8
法国（百万法郎）	157203	94997	60.4
英国（百万英镑）	11940	7770	64.1
意大利（十亿里拉）	19659	10968	55.8
加拿大（百万加元）	9737	5184	53.2

（数据来源：《中国科技统计年鉴》）

就相对数来说，各国工业R&D经费占全国比重均高于中国。美国、日本、法国、英国、意大利、加拿大1991年的指标比中国1995年的指标（该阶段历史最高值31.85%）分别高出38.45%、38.95%、28.55%、32.25%、23.95%和21.35%。

与发达国家相比，我国之所以长期技术落后、发展动力不足，主要是因为研发投入比重不高，企业投入极少，技术基点低。

三、我国企业在国际化经营中吸收国外先进技术的必要性

（一）技术引进的现实意义

技术引进是促进经济发展的一条重要途径。以技术制高点去抢占市场制高点是众多企业的共识。而技术引进已被越来越多的企业视作一条实现技术进步的“捷径”。买只会下金蛋的老母鸡，当然比自己孵小鸡慢慢养大效益显著。

在“八五”“九五”期间，上海轻工系统就曾有不少企业通过技术引进，缩短了与发达国家企业的技术差距，提高了生产效率，保证了产品质量，加快了新产品开发速度，并通过消化吸收和改进创新，形成了自己的生产布局和产品特色，取得了显著的成效。这些成功案例有一个共同点：考察、引进技术都是经过充分论证的。

资料显示，1994年以前，我国每年都要进口大量的空调压缩机，年用汇额近1亿美元。上海冰箱压缩机厂抓住国内空调市场需求日益膨胀的机遇，引进了日立公司的生产设备，组建上海日立电器有限公司。项目建成投产后，不仅满足了国内市场的需要，而且产品出口国外，创造了极大的利润。不少响当当的民族品牌产品，如天厨味精、马利美术颜料、安字铆钉、英雄钢笔、

红双喜乒乓球等，其企业都通过有效地引进国外先进技术，不仅产生了很好的经济效益和社会效益，而且重塑了企业形象，提高了新老品牌、产品的国际竞争力。

值得一提的是，通过有针对性的技术引进，强调消化、吸收，不少企业提高了自主开发创新的能力，培养了一批能较好掌握现代技术的专业人才，为提高企业竞争力打下了坚实基础。

（二）引进技术加快了生产力发展

吸收引进国外先进的技术对于调整中国的经济结构起到了很大的促进作用。它是实现全面建成小康社会奋斗目标的需要，也是中华民族实现工业现代化的迫切需要。大力推动吸收引进国外先进的技术促进了我国生产力的快速发展。

改革开放以来，我国吸收引进了大量国外的先进技术，并切实做好消化、吸收和创新。以日本为例，其就是因为成功引进、吸收外国先进技术，迅速成为世界经济强国。因此，我国从科技水平落后的基点出发，实行“拿来主义”，大量引进技术和设备，既省钱，又在科技发展上走了“捷径”。目前，我国在消化、吸收引进技术的基础上又进行了大力创新，走自己研发与引进技术相结合的创新之路。与美国、日本、西欧相比，我国的科技投入不足，但是经过改革开放 40 多年来的发展，我国的研发能力有了很大的进步，极大地促进了生产力的发展。

在人类社会生产力的发展进程中，每一次先进生产力取代落后生产力，都是由科学技术的进步或突破引起的。近代以来，科学技术在推动生产力发展上发挥的作用更加明显，先后经历了以下三次重大的历史性突破。

第一次是 18 世纪 60 年代在英国开始的科技革命。这次科技革命就是以蒸汽机和自动纺织机为代表的工业革命，开始了从工场手工业到机器大生产的变革，极大地提高了社会生产力。

第二次是19世纪70年代开始的科技革命。电力、电机的广泛使用，电信业的迅速发展，使工业化与电气化结合在一起，极大地解放了生产力。

第三次是第二次世界大战以后开始的新科技革命。原子能技术、计算机技术和航天技术的突破性发展，推动社会生产力取得了前所未有的进步。

我国提出的科教兴国战略就是这一思想的完美体现。我国已经建立了技术创新体系，技术创新已经成为衡量综合国力的关键因素，对促进我国生产力的大踏步发展起到了至关重要的作用。

（三）技术引进有利于更快发展我国制造企业

我国企业发展国际化经营，通过走出国门并购或控股国外技术领先的同行企业，大大缩短了技术研发的时间、减少研发费用，为我国经济更快腾飞赢得时间和节约资金，为创建中国著名品牌提供了基础。我国企业发展国际化经营，可多采用国外并购和合资合作，坚持“以我为主、为我所用”的原则。这样不仅提升了企业的核心竞争力，还可以利用并购和合资企业的先进制造技术，为国内各个行业提供成套的先进技术装备，从而实现产品与技术对接，提升研发能力，提高员工技术素质。

中国是一个发展中大国，工业化的进程离不开制造业的发展。如何利用世界制造业这一轮战略性转移的大好机遇，引进、吸收国外技术和资本，并与我国制造业产业结构升级结合，发挥后发优势，实现我国制造业发展，是我国经济发展战略中需要研究解决的一个重大问题。面对经济全球化和新技术革命，要制定发展规划，大胆“走出去”，勇敢地参与世界经济的竞争与合作，在竞争与合作中不断增强我国制造业的国际竞争力。

（四）引进、吸收国外先进技术，除大型技术外还包括各类小型技术

提高经济效益有效的措施之一就是大力引进国外各种技术和

经验。不但要重视引进大型技术，还不能忽视小型技术转移的作用。有些小型技术的作用很大，如某省推广解放牌B型汽车节油改造、JQ电机节能风扇等6项小型技术，全省一年节约6766万元，为投资的5.45倍。如果全国都掌握和采用这些小型技术，效果会更加显著。往往小型技术与人民生活密切相关，而且多涉及传统领域。推广小型技术将会促进人民生活水平提高。我国中小企业数量可观，作用极大。除大型企业外，国内部分有实力的中小企业也应发展国际化经营。这些企业中很多已经具有一定的技术能力，或者说有了接受技术转移的能力，但是它们独立进行研究的技术力量不足，对能源、材料的消耗大于同类大工厂，进行技术引进是其发展的关键。

第三节　从中国制造到全球生产

一、中国制造的现状与问题

（一）中国制造的现状

对于每个有过出国经历的中国人来说，在异国他乡看到来自本土的产品会有一种亲切感和自豪感。中国制造已经遍及全世界。美国人萨拉·邦吉奥尼（Sara Bongiorni）曾写过《离开中国制造的一年：一个美国家庭的生活历险》一书，在书中她谈到自己家在2005年一年中有意尝试不购买中国制造的产品，然而在离开中国制造这一年，她遇到了意想不到的困难，她甚至无法为丈夫买到合适的墨镜，为孩子买到物美价廉的鞋子和满意的圣诞礼物，最终不得不放弃了这一想法。

的确，中国不少商品的产量已经在世界市场上占有绝对优势。据统计，我国居“世界第一”的制造产品达上百种。“九五”

期间，中国制造的各种轻工产品，从几万种发展到30多万种，中国由此成为世界第四大工业基地，仅次于美国、日本、德国。中国制造的消费品呈现出旺盛的势头。图1-2为2006年中国制造的全球份额。

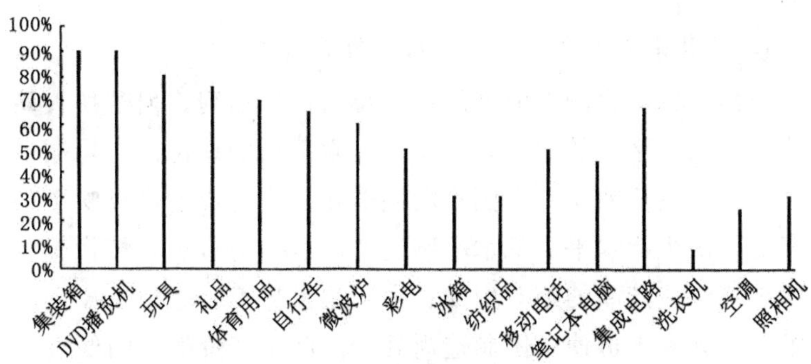

图1-2　2006年中国制造的全球份额

可以看出，我国制造业的众多产品在数量上居世界领先地位，展现了中国制造的强劲发展势头。

《中国科学技术发展报告》显示，自1990年起，中国吸收投资2300亿美元，占亚洲总额的45%，其中制造业是最重要的投资领域。在区域结构上，中国制造形成了环渤海、长江三角洲、珠江三角洲三大世界级的制造中心。

（二）中国制造存在的问题

经过多年的改革开放，中国工业的发展取得了骄人的成绩。过去几年，一些产品出口额居世界首位，中国产品在全球贸易中的份额迅速增长，中国在全球分工价值链上的位置也在攀升，两位数的增长率已经保持了多年。另外，中国已经成为外国直接投资最大的接受国，跨国企业已经把中国作为重要的加工基地之一。

就中国制造业的整体水平来说，在份额上和美国、日本相比，还有不小的差距。美国工业产值占全球比重超过20%，日本制造业所占比重为15%，虽然中国在世界排名已在第四，但所占份额只有5%。[①]

对于21世纪经济全球化，中国制造面临的主要问题有以下几点。

1. 中国在制造业产出上落后于发达国家

虽然中国不少制造业产品产量位居世界前列，但若按人均制造业产品数量来比较，就处于一个非常落后的地位。人均制造业产品的水平既反映了一个国家的制造业生产规模，也反映了一个国家的经济生活水平。低水平制造产品的相对过剩，替代不了高技术含量制造产品的绝对短缺。中国是世界第一大组装国，缺少技术、品牌和渠道使中国制造尚处于国际生产价值链的低端。

2. 制造业比重偏高，产品结构层次低，高附加值产品少

从产出结构的国际比较看，中国制造业增加值占GDP比重明显偏高。1995—2005年，中国制造业占GDP比重在34%左右，而日本和韩国均低于25%[②]。与其他中等收入国家相比，中国第二产业比重明显偏高。根据第一次全国经济普查资料，2004年，第一产业比重高于中低收入国家平均水平1.1个百分点。第二产业比重高于中低收入国家平均水平9.3个百分点，同时远高于巴西、哈萨克斯坦和埃及三国，这与中国正处于重化工业加速发展的历史阶段有关。第三产业比重低于中低收入国家平均水平10.4个百分点，而且中国第三产业的比重还呈下降趋势，2005年为40%，2006年为39.5%。

目前，中国制造尚处于全球产业链末端。图1-3为宏碁集团

---

① 经叔平. 中国现在还不是“世界工厂”[J]. 市场营销导刊，2005(2)：1.

② 李子明. 制造企业跨国并购中目标企业选择与估价研究[D]. 镇江：江苏大学，2008.

创始人施振荣提出的微笑曲线。微笑曲线就是指微笑嘴形的一条曲线，两端朝上，在产业链中，附加值更多地体现在两端，即研发和营销，处于中间环节的制造的附加值是最低的。微笑曲线理论务实地指出产业未来努力的方向。在附加价值观念的指导下，企业的产品只有不断地往附加价值高的方向定位，企业才能持续发展。施振荣曾表示，在研发、制造和营销三大领域中，研发可以获得20%的利润，营销可以获得25%的利润，而制造的利润只有8%～10%。

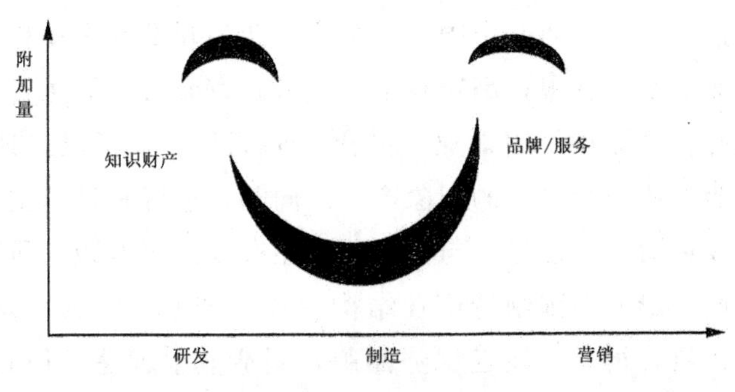

图 1-3 微笑曲线

如果根据微笑曲线来判断，中国能够参与的国际分工大多限于下颌处的附加价值最低的部分。从在价值链上所处的位置来看，中国制造仍处于末端，许多企业只是从事生产链最后一道环节的产品组装。从全球营销方面看，大部分中国制造产品还没有掌握渠道，也没有属于自己的国际品牌。

尽管我国的不少工业产品产量在世界上名列前茅，但是我国的产品从总体上看，还存在着结构不合理、高技术产品少及高附加值产品仍需进口等问题。中国是目前世界最大的纺织品出口国，虽然最终产品的出口已超过2/3，但其中约50%是加工贸易，缺少自主品牌。[①] 国家统计局数据显示，2007 年机械及运输设备仍为中国第一大类进口商品，占进口总额的 52.21%。2006 年高新技术产品出口比重为 29%，进口比重为 31.27%，相差 2.27 个百分点。2007 年中国钢产量超过 4.89 亿吨，比世界排名第二的日本高出 4 倍，但品种短缺，其中低档次的建筑钢材占很大比重，而大量优质钢材、特殊钢材仍然依靠进口。

3. 制造业技术开发水平相对落后，关键在于缺少核心技术

中国制造的关键技术主要依靠国外。一方面，中国自主开发能力不强；另一方面，中国尚未掌握新产品开发的主动权。中国制造的融合水平有限，高新技术与现有各方面技术的融合和发展都比较慢，这导致了制造业产品更新周期长、市场反应速度慢、新兴产业群体发育迟缓的现象产生。同时，进行研发的主体是大型企业或集团，研发能力与国外相比还有较大的差距。研发能力薄弱已成为影响中国制造产业结构调整和产业升级的严重障碍。因为缺乏核心技术、缺乏优势品牌，制造业永远是“任人宰割”的对象。跨国企业手中的王牌就是核心技术，缺乏核心技术是中国企业最大的软肋。

4. 中国制造的管理水平与发达国家相比仍有较大差距

（1）中国制造的产品质量。

《机械制造与自动化专业调研报告》显示，中国的机械制造产品达到当代世界先进水平的不足 5%。一方面，中国需要长期进口市场急需的高技术含量、高附加值的技术装备和产品；另一方面，中国低水平、低技术含量的制造产品生产能力大量过剩。

---

① 何平. 中国纺织品对外贸易浅析 [J]. 纺织报告，2020 (1)：40-41.

（2）中国制造的生产效率。

中国机械行业劳动生产率每人每年约为2200美元。1999年，中国石油、中国石化、海洋石油三大集团，人均年销售收入只有约28万元。[①] 根据联合国工业发展组织的相关数据计算，我国制造业增加值占世界的比重虽然每年都有提高，但与美、欧、亚的一些主要国家相比差距仍然很大。同时，我国制造业人均增加值虽然有所增长，但与发达国家相比仍有差距。即使与其他发展中国家相比，我国制造业人均增加值也还低于拉丁美洲和加勒比海地区以及西亚和欧洲的发展中地区，仅高于南亚和东亚、北非的发展中国家。

（3）制造业的经济效益。

1996年利润名列世界500强之首的美国埃克森美孚公司，为75.133亿美元，相当于中国全部（23927家）大中型工业企业同年利润总额（1087.95亿元，合130.854亿美元）的57.42%。世界排名前2位的美国埃克森美孚公司和美国通用电气公司的利润额合计为166.63亿美元，超过了中国全部大中型工业企业的总和。我国制造业企业大多都是贴牌生产，赚取加工费。一流企业卖标准，二流企业卖品牌，三流企业卖产品，四流企业卖苦力。在这一过程中，利润是逐级递减的。由此来看，中国制造的经济效益与发达国家的跨国企业相比有很大的差距。

二、从中国制造到全球化生产是解决中国目前制造业问题的有效途径

（一）什么是全球化

“全球化”一词首先出现在西奥多·莱维特（Theodore

① 李寿生．中国制造业现状和差距［J］．中国经济信息，2002（16）：6－7.

Levitt）于 1985 年发表的《市场全球化》一书中。全球化是指物质和精神产品的流动冲破束缚，影响地球上每个角落人们的生活。全球化还包括人员的跨国流动。全球化包括两层含义，即经济意义的全球化和社会政治与文化的全球化。

通常我们所说的全球化指的是经济全球化。从生产力运动和发展的角度分析，经济全球化是一个历史过程。一方面，在世界范围内，各国、各地区的经济形成"全球统一市场"；另一方面，在世界范围内建立了经济运行的全球机制。在这个过程中，生产要素在全球范围内自由流动和优化配置。因此，经济全球化指的是各种生产要素或资源在全球范围内自由流动、相互融合，以实现最优配置的过程。经济全球化是生产的全球化，企业在全球范围内寻找便宜的资源，资源配置不再受国界限制，充分利用各国的比较优势。

（二）实现从中国制造向全球化生产转变的原因所在

1. 全球化生产有利于吸收投资、利用世界资源优势

发展全球化生产有利于提升中国制造的产业率。学者们普遍认为，全球化是指跨国交易和国际资本流动规模的扩大与形式的增加，技术广泛、迅速传播使各国经济之间的依赖性增加。全球化生产具有高度的流动性、高度的集约化、高度的垄断性、高度的渗透性和高度的依赖性。

全球化生产有利于我国吸引外国直接投资，使之成为促进经济快速增长的全球化驱动力。经济全球化不断推进，新一轮生产要素重组和国际产业转移出现新趋势，全球范围内企业跨国经营再掀新的高潮，全球化生产可使中国制造扩大国际业务，使贸易和投资更快增长，经济和技术的相互依赖性增强。

2. 全球化生产有利于中国实现跨国投资和经营，从而有利于产业升级

全球化生产可以更多地利用世界新技术、新工艺，依靠低成

本、高效率的信息技术、运输技术，抓住一切可能的商业机会，把资本、技术、企业文化和管理迅速结合起来，以获得高额利润。从对外直接投资看，其可以推动东道国的经济发展，也可以减少东道国的贸易摩擦，是一种互利共赢的策略。在我国政府不断完善对外投资促进及服务体系，积极推进对外投资便利化进程，以及对各企业进行鼓励和支持下，我国企业进入了对外投资快速发展期。我国企业对外投资已从开始的简单方式，发展到国际通行的跨国投资方式，充分利用全球丰富的人力资源优势，实现我国产业从劳动密集型向资本密集型和技术密集型方向转变，从而更快实现中国制造的产业升级。

3. 全球化生产有利于发挥本国劳动力成本优势，提升技术开发水平

在全球生产体系中，一个产品在多个国家生产，改变了国产的概念。零部件的国际贸易增速高于制成品，发展中国家的经济增长速度快于发达国家。全球生产体系降低了生产成本和交易成本，对世界经济发展是有利的。中国参与国际分工，是发展劳动密集型产业的良策。加入全球生产体系更有利于中国尽快实现产业技术升级，提升中高技术产品出口量，利用全球先进的研发机构和人员为中国制造提升研究水平。加入全球生产体系，使中国获得了先进技术，同时，更利于中国发展自主品牌，博采众长、为我所用，使我国自己的技术力量和品牌借助全球化生产的大好时机更快发展和成长。

4. 全球化生产有利于减少关税，实现产业本土化，增强企业的竞争力

进入全球生产体系，需要两种资源，一种是可流动的资源，另一种是不可流动的资源。一个产品在多国生产，需要多次过境。为了减少关税成本，全球生产体系就实现了在目的国的贸易自由化，从而增强了本土企业的适应性，实现本土化生产。打开国门，走向世界，不断提升企业国际化经营的应变能力，增强企业的国际竞争力。加入全球生产体系，出口额、进口额和制造业产值增长是同步的，有利于保持稳定增长。企业之间的合作不再局限于临时交易，而是发展稳定的合作关系。因此，我国与多国建立了自由贸易区，因为我们都是全球生产体系的积极参与者，从而开创了合作共赢新局面。

5. 全球化生产有利于形成产业集群，加强协作，同时有利于提升企业的管理水平

实现全球化生产后的中国企业会在激烈的国际市场竞争中摆脱“大而全”的想法，集中精力提升核心能力，使企业能够不再受市场直接交易的限制，利于企业资源自由、灵活地流动，真正实现企业能力的一体化，增强企业能力的互补性，尤其有利于中国企业更加直接吸收国外先进的管理理念和经验。从提升产品质量入手，充分利用先进的管理经验和生产技术，可促进新的产业集群形成。按联合国贸易和发展会议的定义，产业集群指企业集中一种或数种产业，得益于由竞争者、买方和供方组成的网络协作关系。产业集群主要集中在高新技术产业。先进的技术必然促进产业集群的形成。通常，市场交易指不同经济利益主体之间的买卖，即企业把产品卖给购买方。新的企业系统把企业之间的市场交易关系纳入生产经营活动，实现了原来的封闭企业系统向开放性企业系统的演变。它没有改变市场经济的契约原则，企业之间的合作同样要严格履行合同，但是它不必通过市场直接进行交易。传统的直接市场交易对象是产品，开放的企业系统中的主要交易对象是企业的能力。

在全球生产体系中，跨企业生产组织者的作用增强。以直接市场交易为依托，企业之间的关系演变为企业之间在企业能力方面的协作或合作，出现了跨企业的生产组织者，因此更有利于中国企业在发展国际经营的过程中，与国外先进企业能力方面的协作或合作。同时，企业加强了与高等院校和R&D机构的合作，企业内部活动对外开放，企业还采取了一系列在传统市场之外的经济活动。

针对中国企业管理的特点，在企业实施全球化生产的国际经营战略时，更应该注重人才培养，留住人才。中国企业应该改变以往的管理风格，吸引高端人才，才能提升研发能力。太多的绩效考核、人才评估，只会使企业管理过于强硬，不利于企业发展，尤其是国际化经营。因此，不要把员工束缚得太紧，应尽量提供宽松的环境，调动员工的积极性。只有真正意义上的以人为本，才能提升企业的管理绩效。

6. 全球化生产有利于中国发展具有自主品牌和渠道的民族企业

中国缺少世界知名品牌。经过多年的努力，虽然我国已经拥有一些具有一定国际影响力的品牌，同时一些“老字号”也开始走出国门，但从总体上看，现阶段我国自主品牌的发展仍较薄弱。我国企业还是采取低价竞争和低成本规模扩张的方式，企业能从品牌获得的利润很少。中国企业必须重新寻找开拓国际市场的发展方向。打造“全球化生产”的品牌就是一种很好的发展战略，它能促进中国经济的发展，也能提升国家的竞争力。中国的民族企业需要引进先进技术，提高自己的技术起点，在此基础上自主创新，这才是从根本上逐步扭转颓势的有效方式，而全球化生产为中国企业提供了这种难得的机遇。

中国企业国际化经营还要大力开拓营销渠道，进入海外市场，打造国际品牌。中国制造业进军海外市场，海外市场能为其提供更大的空间，能提高中国企业的竞争机能，帮助企业引进先进的管理模式。在经济全球化背景下，进入新发展阶段的我国制造业在国际产业转移的过程中更多地从有利于参与国际全球化的角度出发，从战略高度和长远角度整体考虑定位及发展问题。应从重要的原材料、重大装备制造业等我国具有相对潜在比较优势的产业着手，培养新的制造业龙头产业。要成功实现从“中国制造”向“全球化生产”转型，中国企业必须要打造出自己的国际品牌，掌握市场动态，了解消费者购买或不购买产品的理由，这是品牌与市场战略的根本。

第二章

中国企业国际化经营模式选择

第一节　中国企业国际化主体选择

虽然政府在企业“走出去”的过程中起到了重大作用，但企业的素质、核心竞争力等的高低是“走出去”战略能否成功的决定性因素。与跨国企业相比，中国企业的国际竞争力总体水平还不高。“哪些企业可以走出去”不仅是想要“走出去”的企业考虑的问题，还是政府考虑的问题，因为其影响着政府制定鼓励措施的方向。

一、国际化主体的定义

国际化主体是指从事国际经济活动的法人，主要指企业。在我国，按照不同的标准，企业可以有不同的分类方法。

从规模上看，企业可以分为三类，即大型企业、中型企业和小型企业；从所有制上看，企业可以分为集体所有制企业、中外合资企业、私营企业等类型；从所从事的经济活动上看，企业可以分为工业企业、农业企业、商业企业等。

下面主要从企业规模和所有制角度分析中国国际化企业。

二、国际化企业的标准——企业具有国际竞争力

关于什么样的企业具备“走出去”的条件，没有统一的标准，然而几乎所有的对外直接投资理论都会特别强调企业的垄断、所有权等优势。约翰·邓宁（John Dunning）在他的国际生产折中理论中把企业所具有的核心优势（所有权优势）看作国际化的必要条件，他表示，只有具备了所有权优势的企业才应该考虑出口许可和直接投资的选择。因此，国际化企业的标准之一应该是企业具有国际竞争力。

世界经济论坛从微观角度对企业国际竞争力进行了研究，并于1985年发布了《关于竞争力报告》。报告中提到，国际竞争力是企业目前和未来在各自的环境中以比它们国内和国外竞争者更具有吸引力的价格和质量来进行设计、生产、销售产品以及提供服务的能力和机会。1994年，世界经济论坛和瑞士洛桑国际管理发展学院联合发表了《1994年国际竞争力报告》，其将国际竞争力进一步定义为一国或公司在世界市场上均衡地获得比其竞争对手更多财富的能力。

在此之后，大量的学者对企业国际竞争力进行了研究，他们从不同的角度对其进行了不同的界定，从而产生了不同的评价指标，有可以量化的，也有只能定性描述的。

2006年4月，由IBM（国际商业机器公司）商业价值研究院联合复旦大学共同完成的《中国企业走向全球——实践、挑战与对策》对媒体公布。在这份报告中，作者宣称中国只有60家企业可以走出去。该作者研究了2004年的中国500强企业，从中寻找最具全球化前景的企业和行业。年销售额、行业特征及企业特征是作者进行筛选时主要考虑的因素。首先，企业的年销售额要超过10亿美元。在中国500强企业中，2004年年销售额超过10亿美元的企业共计290家，其中民营企业27家，国有企业263家。与其他发达国家相比，规模较大的中国企业数量不多。

其次，企业要具有全球化企业的行业特征。第二轮筛选剩余 124 家中国企业，其中 19 家民营企业，105 家国有企业。最后，要从企业在市场中的地位、企业的目标及运营现状等方面进行筛选，剩余 60 家企业（13 家民营企业和 47 家国有企业），其中全球化潜力较高的国有企业有 13 家，民营企业有 13 家。

三、日、韩国际化主体的特点

从具体企业看，九大综合商社是日本进行对外直接投资的绝对主体。自 20 世纪 80 年代至今，从主体方面来看，大型企业对外直接投资占 60%，中小企业对外直接投资占 40%。由此可知，九大综合商社成为对外直接投资主体的主要原因有两个：一是其本身实力强劲；二是政府大力支持。

日本政府对大型企业，尤其是综合商社的发展进行支持，主要表现在三个方面：一是推行低工资政策；二是对大型企业调拨财政资金；三是制定租税特别措施。通过以上支持提高大型企业的资本积累和对外直接投资水平。

大型企业也是韩国进行对外直接投资的主导力量，其原因与日本综合商社情况相似。韩国政府主要采取了以下措施：一是支持少数大型企业集团支配的“寡占市场”结构；二是选择大型企业优先的政策。通过以上措施促进韩国大型企业对外直接投资的发展。

四、中国企业国际化主体的构成

（一）对外直接投资主体的所有制类型构成

中国企业的登记注册类型包括国有企业、集体企业、股份合作企业、联营企业、有限责任公司、股份有限公司、私营企业、港澳台投资企业、外商投资企业。从上述所有制类型看，我国的对外直接投资主体逐渐从国有企业为主向投资主体多元化发展（见表 2-1）。

表 2-1 2003—2008 年对外直接投资主体所有制构成

所有制类型	2003 年	2004 年	2005 年	2006 年	2007 年	2008 年
国有企业	43%	35%	29%	26%	19.7%	16.1%
集体企业	2%	2%	2%	2%	1.8%	1.5%
股份合作企业	4%	3%	4%	9%	7.8%	6.5%
联营企业	1%	1%	1%	1%	0.7%	3.5%
有限责任公司	22%	30%	32%	33%	43.3%	50.2%
股份有限公司	11%	10%	12%	11%	10.2%	8.8%
私营企业	10%	12%	13%	12%	11%	9.4%
港澳台投资企业	2%	2%	2%	2%	1.8%	1.8%
外商投资企业	5%	5%	5%	4%	3.7%	2.2%

（数据来源：《中国对外直接投资统计公报》）

（二）对外直接投资主体的行业构成

从对外直接投资主体所属行业来看，以制造业为主，与中国作为“世界制造中心”的地位相符。近年来，国内制造企业开拓国际市场的步伐明显加快，高科技制造企业对发展中国家甚至发达国家进行直接投资。2003—2008 年对外直接投资主体行业构成变化如表 2-2 和图 2-1 所示。

表 2-2 2003—2008 年对外直接投资主体行业构成变化

行业	2003 年	2004 年	2005 年	2006 年	2007 年	2008 年
农、林、牧、渔业	6%	4%	0	4.3%	4.2%	4.1%
采矿业	4%	4%	13.7%	4.6%	4.3%	4.2%
制造业	27%	59%	18.6%	53.4%	45.5%	42.7%
建筑业	11%	6%	0	6.1%	5.2%	4.8%
交通运输、仓储业	7%	3%	4.7%	2.4%	1.6%	1.9%
批发和零售业	19%	11%	18.4%	14.3%	23%	28.2%
商务服务业	14%	5%	40.3%	5.3%	5%	4.5%
其他行业	12%	8%	4.3%	9.6%	11.2%	9.6%

（数据来源：《中国对外直接投资统计公报》）

（三）对外直接投资主体的来源地构成

2003 年，31 个省、自治区、直辖市，5 个计划单列市，新疆生产建设兵团，在境外均设有对外直接投资企业，商务部没有提供相关比例数据。2004 年，中央管理的企业仅占对外直接投资主体的 4.2%；其他企业占对外直接投资主体总数的 95.8%。其中占比较大的有浙江、广东、山东、福建、江苏、上海的企业，共占约 60%；浙江的投资主体数量居首位，占 23%。2005 年，中央企业仅占境内投资主体总数的 7%，地方占 93%。其中，浙江、广东、山东、福建、江苏、上海、黑龙江的境内主体数量占全部的 62.5%，浙江的投资主体数量居首位。2006 年，在非金融类对外直接投资主体中，中央企业及单位仅占 11%，各省市区的投资主体占了 89%。浙江、广东、山东、福建、江苏、上海、黑龙江六省一市的境内主体数量占境内投资主体总数的六成。浙江的境内投资主体数量最多，占境内主体总数的 22%。2007 年，浙江、广东、山东、江苏、北京、福建、上海、黑龙江六省二市的境外企业数量占境外企业总数的 55.7%，浙江拥有的境外企业数量居全国之首。2008 年，广东、江苏、山东处于非金融类对外直接投资流量前列，中央企业占到流量的 85.4%，私营企业仅占流量的 0.3%。

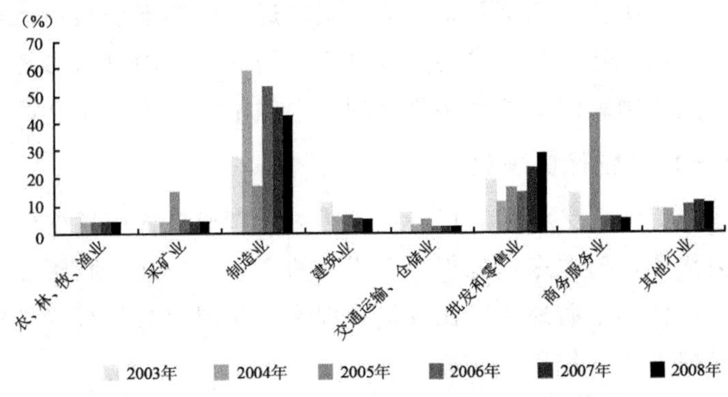

图 2-1　2003—2008 年对外直接投资主体行业构成变化

（数据来源：《中国对外直接投资统计公报》）

第二节　中国企业国际化的产业选择

制定正确的行业战略对我国对外直接投资具有重要意义。对于开展对外直接投资，从国内产业结构高级化方面来看，我国并不具备优势，应该建立国际生产体系来推进国内产业结构高级化。我国在进行对外直接投资时必须合理选择对外直接投资行业；必须遵从我国宏观经济发展目标指导；必须符合国家产业政策。国外的对外直接投资理论可以为我们提供借鉴，但是我们不能照搬。在产业选择时要同时从目的和条件两个角度思考：一方面，根据需要确定对外直接投资产业选择的标准；另一方面，明确主客观的约束条件，在此基础上形成多维度的对外直接投资产业选择策略。

一、中国企业国际化产业选择的理论基础

上文提到，与发达国家相比，在对外直接投资方面，国内产业在结构高级化方面不具备优势，我国通过外部市场与资源对国内产业结构进行调整，实现产业升级。因此，我国可以参考、借鉴西方发达国家的对外直接投资理论，但不能拿来套用。

（一）比较优势理论

比较优势，又称相对优势，是指对外直接投资应发生于在国内失去优势，但在东道国仍具有优势的产业。目前，我国在国际分工中正处于中游地位，比较优势理论在我国的对外直接投资过程中发挥了重要作用。

（二）竞争优势理论

将企业创造价值的过程分解成一系列互不相同但又互相关联的经济活动，这些经济活动形成了一个链条，称为企业价值链。

企业竞争优势主要体现为企业在价值链“战略环节”上的优势。竞争优势理论为我国对外直接投资产业的选择作了明确界定。在国内需要有激烈的竞争，产生竞争优势，在国内市场饱和后，对外直接投资才会增加。

（三）小规模技术理论

发展中国家跨国企业的比较优势主要表现在以下几个方面：一是具有符合小市场发展需要的小规模的生产技术；二是在民族产品的海外生产上具有优势；三是制定了产品低价营销战略。

（四）技术地方化理论

技术地方化理论以发展中国家为研究对象。发展中国家通过引进国外先进的技术并对其进行改造和创新得到产品，满足本国及与本国收入水平相当的其他发展中国家的消费需求；发展中国家通过自主创新及地方化后生产产品提高经济效益，也可以通过对外直接投资提高经济效益。

（五）技术累积说

发展中国家的对外直接投资会提升投资区位的经济水平，升级投资区位的产业结构。技术累积指发展中国家进行对外直接投资，先从周边国家开始，再逐步向其他国家扩展，最终获得经验的积累，或向发达国家投资获得更先进的技术。技术累积说充分论证了发展中国家向发达国家“逆向投资”的可能性、重要性。从中我们可以看出，要想提高我国在国际分工格局中的地位，不仅需要利用我国自身优势进行对外直接投资，而且需要选取一些具备一定实力的产业向发达国家进行“逆向投资”，获得先进技术，促进我国技术的提升。

二、我国企业国际化产业选择的基准

我国企业国际化的作用主要表现在两个方面：一是带动国内

经济发展；二是实现产业升级。但凡事都具有两面性，对外直接投资产业选择不当还可能产生一些负面效应。因此，必须建立评价体系。

（一）产业比较优势基准

一国应将本国的产业（处于劣势地位）转移至其他国家（该国该产业处于优势地位）。对外直接投资由比较优势驱动且能够改善本国国内产业结构。

产业比较优势基准是要求本国产业在国外某区域内具有相对比较优势。从投资国和东道国的贸易指数可以看出该产业的竞争力。某商品在地区市场中的地位，可以通过该商品在地区市场的占有率来判断。出口商品占有率越高，该产业的竞争力越强。

地区市场占有率＝母国某商品某地区出口额÷某地区该商品进口总额×100％

从整体上看，中国的产业结构具有多层次的特点，产业部门有的以劳动密集型为主，有的以资本密集型为主，有的以技术密集型为主。当然，我国还有一些高新技术产业已处于世界一流水平。从总体趋势上看，我国的劳动密集型及资本密集型产业有比较强的优势，我国可以通过对外直接投资的方式将其转移到那些该产业相对落后的国家中去，将比较优势转化为竞争优势，提高企业的国际竞争力，助力产业结构升级。

（二）国内投资的引致基准

进行对外直接投资可能会促进国内某些产业投资的增加，或者导致国内该产业投资的缩减。对此，可计算投资的替代弹性系数。该系数小于 1 表明对外直接投资的快速扩张会导致国内投资收缩；与之相反，替代弹性系数大于 1 则表明对外直接投资扩张能够使国内投资增加。

（三）产业内贸易量基准

产业内贸易量是衡量对外直接投资辐射效应的一个重要指

标，产业内贸易量是由产业内各生产阶段的关联度（或连锁度）所决定的，与其深度和广度正相关。我国对外直接投资的目的之一是推动国内产业结构升级。因此，我国选择对外投资产业部门时应考虑对外直接投资与国内相关产业关联强度。

关联效应包括前向关联和后向关联。对前向关联度高的产业来说，生产国际初级产品能促进本国产业成长。对后向关联度高的产业来说，生产国际最终产品能促进本国相关产品生产。

（四）产业结构同质性基准

产业结构同质性基准是对外直接投资产业选择的基本要求，即对外直接投资产业选择方向与国内产业结构高级化发展趋势相吻合。随着对外直接投资逐步发展，会出现产业选择与国内支柱产业选择在一定程度上相吻合的情况。由于对外直接投资各产业的比较优势不同，企业战略取向和投资方式也不同，对外直接投资的产业结构与产业结构调整的方向在一定程度上存在着差异。我国应该重视对外直接投资中对中国产业结构高级化发展具有直接助长作用的投资方向。

（五）资源保障基准

应当把开发利用国外资源列为我国资源发展战略十分重要的内容。选择国外的资源富集地区进行直接投资，促进国内经济发展，是比较有利的选择。从长期战略看，这可以使国内一些重要资源得到保留；从近期效果看，这可以缓解当前资源的约束，通过国内经济发展来积聚实力，为以后有计划地开发国内资源奠定基础。

三、中国企业国际化产业选择的约束条件

（一）东道国总体投资环境约束

东道国总体投资环境包括东道国的自然、经济等环境。自然

环境包括自然资源和自然条件。不同国家或地区在自然资源上存在着一定的差别，从而使得自然资源贸易成为跨国投资的重要内容。自然条件可以影响产品的适应能力及其使用价值。影响对外投资最重要的因素是经济环境，其包括经济发展水平、基础设施、人口状况、收入水平等。

（二）市场机会约束

投资发展特定行业，其市场机会约束主要表现在以下两个方面。

一是行业市场容量。潜在的市场容量决定着市场的规模及产品销量，是企业投资首先考虑的因素。

二是行业发展阶段。在一国内不同企业在特定行业产品生产方面处于不同阶段，所处阶段决定着企业进入后将面临的直接竞争状况。

（三）产业进入障碍

不同的产业进入障碍直接决定着企业进入该产业将花费的成本及付出的代价。海外投资时进入障碍主要表现为以下几个方面。

1. 额外成本

与当地企业相比，跨国企业需要付出的额外成本主要有六种。一是一次性投资时需要垫付的资本及利息支出。二是寻找有利优势供应来源所付出的时间及费用。三是增强产品适应性的投入费用。四是寻找市场分销渠道所付出的时间及费用。五是为树立品牌商标所需投入的费用。六是管理控制费用及其他额外费用。

2. 当地企业竞争结构

当地企业竞争结构对新进跨国投资企业有着直接的影响，新进跨国投资企业应对竞争程度及持续的时间作出预测及评估。

3. 当地政府与政策环境

当地政府的产业政策，对外国投资者的政策，对环境污染、技术指标的政策等，都有可能对新进跨国投资企业产生不利影响。新进跨国投资企业需要预估政府政策可能产生的不利后果。当地群众对跨国投资企业所处国家的民族情感倾向等，都有可能造成产业进入障碍。

以上内容只是讨论了新进跨国投资企业最初可能遇到的问题。行业市场影响因素的本质仍是收益与成本。

四、中国企业国际化产业选择策略

(一) 根据产业地位进行对外直接投资的产业选择

从行业发展的特征及行业在经济中的作用方面来看，产业分为瓶颈产业、先导产业、主导产业和支柱产业四类。在产业结构体系中，瓶颈产业指制约其他产业和国民经济发展的产业；先导产业指关系未来国民经济发展需要且能带动其他产业发展的产业；主导产业指对产业发展具有引导和支撑作用的产业；支柱产业指总产出占比较大的产业。

先导产业的发展可以为主导产业带来资金和技术，从而为主导产业的逐步升级提供拉力。先导产业发展所带来的技术，逐步向其他产业渗透扩散，提高相关产业技术含量。当经济迅速增长时，受到社会需求影响较大的是感应度系数较大的产业部门，其制约着国民经济发展。

陈漓高、张燕从产业发展速度、规模及产业前向关联性和后向关联性四个方面进行聚类分析，把行业分成四个产业群：瓶颈产业（如石油和天然气开采业、有色金属矿采选业、煤炭采选业、黑色金属矿采选业）、先导产业（如食品制造业、非金属矿采选业、交通运输设备制造业、服装及其他纤维制品制造业、科学研究技术服务和地质勘查业、皮革羽绒及其制品制造业、金融业等)、主导产业(如医药制造业、石油加工业、纺织业、塑料制品业、化学原料及化学制品制造业、仪器仪表及文化办公用机械制造业、烟草加工业等)和支柱产业(如建筑业,交通运输、仓储和邮政业,批发和零售业等)。

1. 瓶颈产业

虽然瓶颈产业在本国投资中处于劣势,但可以借助对外直接投资获取国外的资源进行补缺,实现投资国与东道国的双赢。而这类瓶颈产业对外直接投资所采取的基准就是产业比较优势基准。

2. 先导产业

先导产业的对外直接投资基准是产业结构同质性基准,它代表了产业发展与产业结构升级的方向,对经济增长具有较高的弹性,能够大幅度地超前发展,促进产业结构高级化。当然,先导产业也存在较大的不确定性。因此,先导产业在对外直接投资时,政府应该通过产业政策对其进行扶持与引导,从而促进国内该产业的发展。如果国家忽视了对先导产业的扶持与培育,极有可能会使下一阶段经济的增长缺少先导产业的推动。

3. 主导产业

主导产业的对外直接投资基准是产业比较优势基准和产业内贸易量基准。主导产业在增长和规模上具有比较优势,并且主导产业具有较高的产业关联度,具有带动作用,具有新技术的扩散效应。因此,主导产业有利于国民经济增长方式转变,有利于优化部门结构,是国家经济发展的中坚力量。在主导产业中存在着一些技术成熟的行业,可以将其国际市场份额扩大,延长生命周期。

4. 支柱产业

支柱产业的对外直接投资基准是国内投资的引致基准。在我国,支柱产业运行效率较低,但其经济规模要远超过其他产业。

对于支柱产业，要进行内部产业结构优化，巩固国民经济的基础地位，进行相对投资扩张。

（二）根据区位进行对外直接投资的产业选择

中国对外直接投资可分为优势型和学习型。优势型对外直接投资的目的是发挥比较优势，主要面向发展中国家。学习型对外直接投资是为了获取高新技术，发展高新技术产业、技术密集型行业和高附加值产业，主要面向发达国家。两种类型的对外直接投资的产业选择有所不同。随着中国与东道国的比较优势不断变化，对外直接投资的产业和区位选择也会随之调整，并寻求更大、更直接的投资空间。

1. 对发展中国家进行直接投资的产业选择范围

我国在某些产业中具有比较明显的竞争优势。结合我国的优势产业去发展中国家进行产业选择，产生的资金流和发展空间将会促进产业结构的优化。我国对发展中国家进行直接投资的产业选择应侧重于以下三个方面。

首先是模仿创新技术产业。随着我国家电市场的饱和，家电产业生产能力严重过剩，市场要求扩大出口，却受到贸易保护主义的制约。通过对外直接投资，转移过剩的生产能力，可以增加我国家电产业在国际家电市场的比重。将这类产业转移到经济发展水平与我国相当的国家，使当地的比较优势得到充分发挥，使双方实现双赢。

其次是标准技术产业。目前，标准技术产品基本实现标准化，市场竞争的关键因素主要是商品的价格，而影响价格的主要因素是劳动力成本。在劳动力过剩的发展中国家进行标准技术产业的投资，就会拥有生产与出口的比较优势，从而达到扩大出口、增加外汇收入的目的。

最后是中间性技术产业。中间性技术产业更适用于发展中国家。中间性技术产业的生产技术、工艺设备、制造技术以及多功能设备在包括中国在内的发展中国家具有一定的优势。

2. 对发达国家进行直接投资的产业选择范围

在对发达国家进行直接投资时，主要利用拥有比较优势的中低档技术和传统产业来占领海外市场并获取利润。要引进新技术，学习发达国家管理运营经验、技术，形成能带动我国产业升级的优势产业链，并促进我国经济合理发展。我国对发达国家的投资重点主要集中在下述几个产业。

(1) 资源开发业。

我国部分资源短缺，可以在资源丰富的发达国家投资建厂，既能够利用这些丰富资源，也可以学习发达国家先进的开采技术，力求打破我国部分产业部门的瓶颈制约，为调整及优化我国产业结构创造先决条件。

(2) 传统产业。

虽然我国国内市场对于部分传统产业的需求早已饱和，但在国际市场上相关产品还是非常受欢迎。我国企业坐拥这些产业的独家技术，具备较强的竞争优势，完全可以走向国际市场以谋求更大的发展，并带动国内一系列相关产业发展，从而达到优化产业结构的目的。

(3) 高新技术产业。

对我国而言，向发达国家进行高新技术产业的投资具有重大战略意义。一是可以直接获得先进的前沿技术和完善的管理经验，同时可以对国内技术实施改造和更新换代。二是可以依靠国际生产的需求或供给来推动我国产业结构的合理化调整。三是我国对外直接投资应面向高新技术产业，以实现国内产业结构合理化调整和本国经济协调发展的目标。

(4) 房地产、金融业、旅游业等第三产业。

第三产业投资已经是对外直接投资的一个重要方向。我国也应该紧跟潮流，抓住向第三产业投资的重要契机，优化国内产业结构。第三产业涉及面比较广，不受技术水平约束，投资回收周期短，有利于获得高额的投资收益，同时可以解决我国目前就业压力大的现状。我国通过向发达国家进行第三产业投资，既学习了发达国家的先进管理经验来带动我国第三产业的发展，又进一步推动了我国产业结构的优化调整。

第三节　中国企业国际化的区位选择

企业国际化的区位选择包括两个层面的内容：一是企业国际化的国别选择；二是企业国际化的具体厂址选择。企业国际化的国别选择是区位选择中的关键。

一、企业国际化理论与国别区位选择

（一）产品生命周期理论

美国哈佛大学教授雷蒙德·弗农（Raymond Vernon）于1966年在《产品周期中的国际投资与国际贸易》一文中提出产品生命周期理论，实际上它也是一个国际生产区位转移的理论。他认为新产品的开发、研制应完全局限于母国的母公司内部，所有海外子公司的经营应完全实行分权化管理。

（二）边际产业扩张理论

边际产业扩张理论是日本小岛清教授在1977年出版的《对外直接投资论》中提出的日本式对外直接投资理论。小岛清提出了“一国应从已经或即将处于比较劣势的产业开始对外直接投资，并依次进行”的观点，已经或即将丧失比较优势的产业被称为边际产业。

边际产业扩张理论包括两层含义：第一，从事对外直接投资的企业与东道国的技术差距越小越好，这样企业容易在海外寻找

到落脚点，迅速占领国外市场；第二，在制造业中投资中小企业往往比投资大企业更具优势，它们的技术更适合东道国当地生产结构，可以为东道国创造更多的就业机会。

（三）国际生产折中理论

约翰·邓宁的国际生产折中理论主要包括所有权优势（Ownership Advantages）、内部化优势（Internalization Advantages）和区位优势（Location Advantages），所以又被称为OIL优势理论。约翰·邓宁把区位因素归为四类：①市场因素；②贸易壁垒；③成本因素；④投资环境。约翰·邓宁把区位特征变量进一步归纳为自然和人造资源禀赋及市场的空间分布；劳动力、原材料、能源、半成品、零部件等投入的价格、生产率和质量；投资刺激和投资障碍；国际交通和通信成本；对货物贸易的人为障碍；R&D、生产和销售的集中化经济；心理距离；经济体制、政府政策以及资源配置的制度框架。

二、企业国际化区位决策影响因素

在分析企业对外直接投资区位选择的决定因素时，首先要对企业内部因素和外部因素进行界定区分。企业内部因素主要包括企业的自身素质和影响或改变区位选择的行为；企业外部因素主要包括对企业区位具有决定性的国内外因素。

（一）企业内部因素

1. 所有权优势因素

所有权优势是众多区位决定因素之中最为关键的，它不仅指对外直接投资企业与东道国同等行业企业的比较优势，而且靠企业应用世界范围内的行业基准来实施度量。企业所有权优势包括资本优势、技术优势、规模经济优势、管理优势等。对外直接投资企业必须要充分考虑东道国或者东道国企业的所有权吸收能力范围，这是决定对外直接投资成功与否的关键所在。

2. 企业战略目标因素

企业的战略可以分为对外直接投资战略和企业发展战略，企业发展战略不仅决定了对外直接投资战略的制定与实施，而且决定了对外直接投资战略目标和方向。按照区位拟合理论进行分析，企业对外直接投资是为了扩大所有权优势，获取更大的海外超额利润空间。由于市场竞争与企业发展模式的不同，企业对外直接投资有部分必要的战略性。企业的投资战略影响着区位的选择。

3. 企业所属产业因素

不同的产业在进行投资区位选择时，关注的焦点也不尽相同，应该选取最适合的评估策略。资源密集型产业应该重视东道国的资源优势；市场导向型产业应重视区位内市场化水平以及交通运输、市场规模、基础设施等诸多因素；效率导向型产业主要是指在技术上相对成熟的产业，应着重考虑东道国的优惠政策、成本因素等；创新导向型产业主要是技术密集型和高新技术产业，应着重考虑资金因素、创新环境等。

4. 企业人文因素

企业人文因素主要包括企业管理决策层的个人风格、教育水平、投资区位常规选择等直接影响区位选择的个人“空间偏好”。通常情况下，管理者偏好在充分熟悉的市场区域内进行运营管理。这就要求企业进行直接投资时充分熟悉甚至通过详细的调研分析目标市场，否则就会因人文因素造成投资失误。

5. 企业规模因素

在选择对外投资区位时，不同规模的企业往往会表现出各不相同的企业行为。大型企业的技术实力与资金实力较强，既可充分发挥规模经济效益，又有足够能力去进行市场创新与技术创新，可以利用强势的企业竞争力参与市场分配与全球市场竞争。

中小企业虽然运作灵活，拥有适合小批量、多品种生产的特点，但是由于缺乏核心竞争力和资金，无法在激烈的市场竞争中站稳脚跟。正确给企业定位也是在对外直接投资时进行区位选择的一个重要内容。

（二）企业外部因素

1. 投资母国方面的因素

投资母国方面主要考虑的因素是本国的风险规避和对外直接投资政策。国家的外事活动经常伴随着对外经济援建和经济合作，限定了企业对外直接投资时的区位选择范围。国家的宏观经济政策对企业对外直接投资方面都有相应鼓励政策和法律法规限制，为企业在区位选择时设置多层次影响因素和多个分析方向。企业对外直接投资时存在政治风险，所以企业在对外直接投资时应尽最大可能获得当地政府的政治风险担保。

2. 母国与东道国的关系因素

（1）政治关系。

关注政治因素的区位选择研究很少。Nigh 和 Schollhammer 研究了政治冲突、政治事件对对外直接投资的影响。Nigh 证实了政治稳定对吸引外资的正向作用。Duoglas 和 Robert（2001）在证实流入墨西哥的外国直接投资的来源国特征时提到了政治体制差异因素。国内学者张建红、丁辉侠、冯宗宪、王青沿用了他们的分析方法，研究了对华投资企业母国与中国的政治体制差异对进入中国外资规模的影响，结果发现与中国具有相似政治体制的国家更愿意对中国进行直接投资。这些研究证实了对外直接投资中政治因素的重要性，然而并没有从一国的角度分析政治因素对资本流向的影响，并且对政治因素的度量过于简单。

（2）文化距离。

文化距离是国际商务研究中一个重要的变量，它大量地被应用于国际管理、组织行为分析、国际化进入模式选择和国际化区位选择等领域。文化距离被定义为“一个国家规范和价值与另一个国家的差异程度”。国际化进程理论将文化距离与对外直接投资的区位联系起来。它由瑞典、丹麦等一批北欧学者如Johanson、Paul、Brooke、Young等提出并发展起来。该理论认为文化距离会影响企业对外直接投资的成本和不确定性，因此企业在国际化的早期阶段会选择与母国文化高度相似的国家进行直接投资，然后逐步向文化距离更大的国家拓展。Yoshino和Ozawa研究日本对西方国家的对外直接投资时发现文化距离是对对外直接投资规模的一个约束。Davidson研究美国对加拿大和英国的直接投资时发现，投资规模远远超出市场规模、经济增长、关税和集聚效应等能够解释的水平，其认为文化相似性起着关键作用。

（3）经济距离。

Patel早在1964年于《国家间的经济距离》一文中提出了“经济距离”这一概念。经济距离被定义为国家之间经济发展水平的差异。经济距离反映两国在要素成本、技术水平、需求结构方面的差异，这些因素都会直接影响对外直接投资决策和绩效。由于对外直接投资动机与经济距离相关联，动机的复杂性使经济距离的总效应很模糊。根据张为付的分析，中国市场寻求型对外直接投资占有相当大的比重，并且对发达国家的市场寻求也大多通过发展中国家迂回实现。

3. 东道国方面的因素

（1）地理位置因素。

地理位置因素对对外直接投资的影响程度主要取决于对外直接投资的企业所处行业及当地化比例大小。假如企业想通过东道国R&D投入减少和核心部件的技术转移来维持企业的所有权优势，那么企业在进行对外直接投资的区位选择时，地理位置就显得尤为重要。

（2）成本因素。

以约翰·冯·杜能和阿尔弗雷德·韦伯的观点为代表的古典区位理论都把区位选择的标准定义为成本最小化。从成本研究方面来看，近期的重要进展是将交易成本理论引入投资区位选择中进行分析，如商品交换中较高的交易成本将促进对外直接投资的发生，当雇用劳动力等成本比较高时，对外直接投资就会考虑交易成本比较低的地区，信息成本在对外直接投资区位方面也是重要的考量因素。

（3）市场规模因素。

较大的市场规模以及快速增长的市场潜力，较大程度上吸引着跨国企业进行直接投资。市场规模一般分为两种。一是东道国的市场规模大小，东道国市场是投资企业试图占领或者打入的市场。东道国市场规模与企业投资规模密切相关，与企业自身的对外投资市场战略相关联。二是区域市场规模大小。保护贸易政策，尤其是经济区域内外企业各不相同的待遇，会使企业产品在进入所属区域之外的经济区的成本偏高，或者根本无法进入。企业绕过壁垒的捷径就是将投资范围设定在经济区内的东道国或地区。

（4）所有权吸收能力因素。

所有权吸收能力主要与东道国的技术梯度和经济发展水平有关。当一个国家的经济水平整体提升，该国企业的所有权吸收能力也随之由低级向高级跃进。现在企业对外直接投资主要依赖于所有权优势和区位优势。

（5）基础设施因素。

对外直接投资区位选择的重要因素是基础设施。东道国工业化水平是企业对外直接投资在基础设施方面的主要考量因素。

（6）投资政策因素。

东道国的基础设施决定投资的“硬环境”，东道国的投资政策决定投资的“软环境”。对外直接投资的企业更看重的是“软环境”。国际竞争力会直接影响外国企业进行投资区位选择的评判分值。

（7）华人社团因素。

华人社团组织一直是世界上极活跃、人数极多、联系极紧密的社会团体。作为一种独特的国际资源，华人社团组织在中国的国际贸易和引进外资方面发挥了举足轻重的作用。

第四节　企业对外直接投资进入方式的选择

企业对外直接投资进入方式的选择是企业进军国际市场的又一难题。合适的进入方式会增强企业竞争力，帮助企业实现战略目标，而错误的方式则会给企业的未来发展带来负面影响。Li 和 Guisinger、Pennings、Woodcock、Rasheed 等学者对对外直接投资的进入方式和公司的盈利关系进行过细致的研究与论证，并证实了正确的进入方式会提高企业绩效水平。如何选择合适的进入方式呢？众多经济学家对这一问题从各自不同的角度进行过研究分析，并提出了各不相同的理论，被引用次数较多的理论包括国际化经营阶段理论、交易成本分析理论、国际生产折中理论、决策过程理论。实证研究所考虑的层面包括国家层面、行业层面、产品层面、企业层面等。企业国际化这一复杂课题，必须经过深入的分析论证才能获得正确的、具有指导意义的结论。这也彰显了中国企业国际化问题研究的重要地位——中国企业国际化理论不能简单照搬西方理论，而是需要更好的实践论证。

一、国际化方式选择理论

（一）国际化经营阶段理论

国际化经营阶段理论是由 Johanson 和 Paul、Brooke、Young

等提出并发展起来的。他们重点强调企业在国际化运营时一般会经历出口不规则、销售分支机构的建立、国外工厂的建立这几个阶段。内部因素的变化特别是海外经验和知识的增长，是决定企业进入方式的主要因素。企业知识有两种：第一种是显性知识，如一般的企业经营知识和技术；第二种是隐性知识，如经验。决策者知识的多寡会影响海外市场的经营决策。该理论强调了公司的能力、经验和知识等要素对企业国际市场进入方式选择影响的重要性，却忽视了海外市场因素。一些研究也发现投资经验与进入方式之间并不存在非常明显的关系。

（二）交易成本分析理论

交易成本分析理论由 Anderson 和 Gatignon 提出，它的基础是奥利弗·威廉姆森（Oliver Williamson）的交易成本经济学，其基本假设是组织结构是最小化交易成本选择的结果。他们认为跨国企业所选择的市场进入方式是能够最大化长期风险调整效率的方式，这一选择基于四个因素，即资产的交易专用性、外部环境的不确定性、内部不确定性、搭便车倾向。他们根据对海外企业控制程度的不同，把市场进入方式大致分为“高控制”（多数股权）、“中控制”（均衡股权）以及“低控制”（控制权分散）三大类，共 17 种，市场进入方式的选择是在不同方式的成本控制程度、收益和风险之间的权衡。其他的学者对交易成本分析理论进行了拓展，在外部不确定性中加入了制度因素，在内部不确定性方面考虑了文化的影响。

虽然交易成本分析理论和它的拓展突出了企业治理结构在进入方式选择中的重要作用，并得到了实证的支持，但该理论也存在一些不足，如交易成本难以测定，只能依赖销售状况来衡量内部不确定性因素，即使这些测定具有一定的相关性，也仍需花费很大努力使理论分析与实际应用达到一致。交易成本分析理论忽视了东道国政府行为、区位吸引力等因素对进入方式的影响。

（三）国际生产折中理论

根据国际生产折中理论，进入方式的选择取决于三个因素：内部化因素、所有权因素、区位因素。当企业具备所有权因素优势时，会选择转让技术；当企业同时具备内部化因素优势和所有权因素优势时，会选择出口；当企业同时具备以上三个因素的优势，会选择对外直接投资。国际生产折中理论代表了在研究进入方式选择时的多种理论和方法的综合考量。

折中范式具有广泛的涵盖性、高度的概括性和较强的适用性，它几乎涵盖了之前所有的直接投资理论，形成了一个综合理论框架，可用于分析各种跨国经营活动，所以也被广泛地应用于进入方式的决策分析。但该理论也存在明显的缺陷：利用这三个因素进行进入方式的选择时会存在重叠。它仍然是一个静态的解释理论，忽略了战略要素和企业管理者决策时所面对的具体环境要素。

（四）决策过程理论

决策过程理论由 Root，Young 等，Kumar 和 Subramaniam 提出。该理论认为进入方式是一种决策结果，是在决策过程中形成的，受内外部环境制约。决策过程理论认为以往理论的完全理性决策人假设不切实际，人的理性是有限的，完全受制于可获得的信息和问题的复杂性，而国际市场进入方式选择涉及因素众多，决策者很难同时考虑这些因素，作出理性的决策。因此，决策过程论者提出了一种不同于理性分析的决策方式，即基于控制论的决策方式。这两种决策方式的差异在进入方式选择问题上的具体表现如图 2-2、图 2-3 所示。

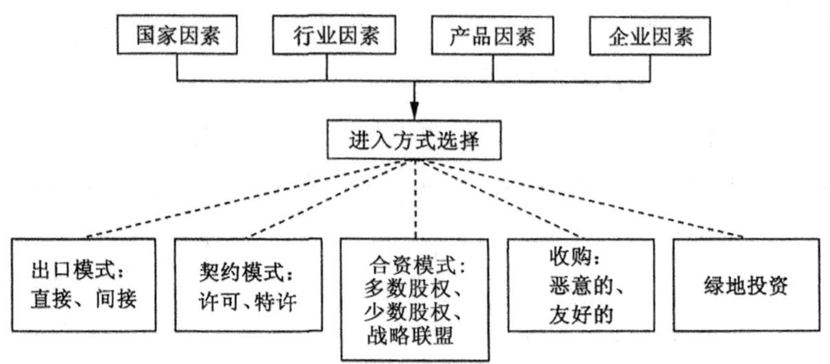

图 2-2　传统的进入方式选择模型

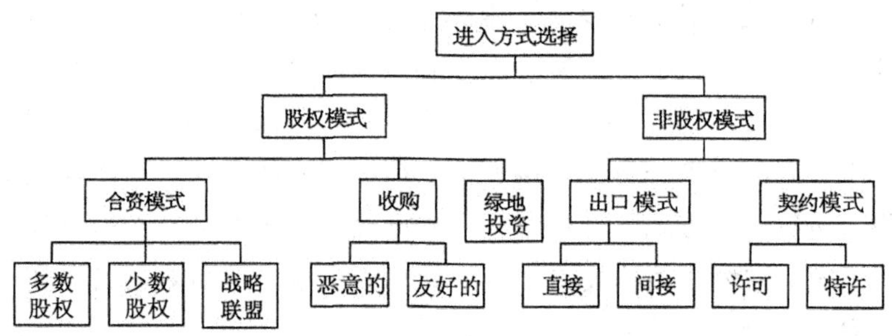

图 2-3　决策过程理论的进入方式选择模型

除决策过程之外，Kumar 和 Subramaniam 认为决策过程受决策者的个人特征、决策的问题、决策的环境等因素影响，其中决策者的个人特征和决策的问题都是以往的理论所忽视的，以往的理论更多关注外部因素。

Pan 和 Tse 根据决策过程理论建立了一个层级选择模型来甄别不同层次模式选择的影响因素，如他们认为区位因素、东道国的国家风险、来源国的文化因素对股权模式和非股权模式的选择有重要影响，而对股权模式和非股权模式下的具体类型选择如出口和契约、合资和独资没有影响，这些具体类型选择应该考虑其他因素比如企业层面的因素。对进入方式进行多层次划分，并考虑不同因素对不同层次模式选择的影响，符合真实的企业决策过程，是对以往理论的发展，为进入方式选择提供了新的研究思路。但是这个模型还有待发展，需要更多融合上述其他理论的成果。国际化进入方式选择理论比较如表 2-3 所示。

表 2-3　国际化进入方式选择理论比较

进入方式选择理论	主要学者	基础理论	研究的进入方式	决策影响因素	结论	局限性
国际化经营阶段理论	Johanson 和 Paul；Brooke；Young 等	公司理论	出口，契约模式，对外投资	国际化经验、文化距离、地理距离	中小企业国际化沿着文化和地理的维度由近及远，同时投入度不断增加	不能解释新成立企业的国际化行为
交易成本分析理论及拓展	Anderson 和 Gatignon；Hill 等；Klein 等；Erramilli 和 Rao	交易成本经济学，制度经济学	高控制程度进入方式、中控制程度进入方式和低控制程度进入方式	资产的交易专用性、外部环境的不确定性、内部不确定性、搭便车倾向	追求效率最大化的企业总是选择能使交易成本最小化的国际市场进入方式	交易成本难以测度，与企业治理结构没有关系

续表

进入方式选择理论	主要学者	基础理论	研究的进入方式	决策影响因素	结论	局限性
国际生产折中理论	Dunning	国际生产理论，组织理论，内部化理论，区位选择理论	出口，契约模式（非股权转让），直接投资	内部化因素、所有权因素、区位因素	所有权因素、区位因素和内部化因素决定进入方式，企业具有优势越大，越会选择更高控制水平的进入方式	忽视了战略要素、决策者特征和决策环境等因素
组织能力理论	Aulakh 和 Kotabe；Madhok	组织理论	内部化进入，合作化进入	企业能力因素	进入方式取决于企业资源和能力的配置和发展	忽略了决策者的影响和政治因素
决策过程理论	Root；Young 等；Kumar 和 Subramaniam	行为理论，权变理论	股权模式、非股权模式	决策者的个人特征、决策的问题、决策的环境	进入方式选择是分阶段决策过程，不同阶段考虑不同的因素	忽视了组织效率和决策者的影响

二、企业国际化方式

按照 Root 的定义，国际市场进入方式是一种使得企业的产品、技术、人员技能、管理或其他资源进入国外市场成为可能的系统性安排。国际市场进入方式的划分有两个特征，即生产场所的定位和投资的股权比例。Root 把国际市场进入方式分为出口进入方式、契约进入方式、投资进入方式三类，如图 2-4 所示。

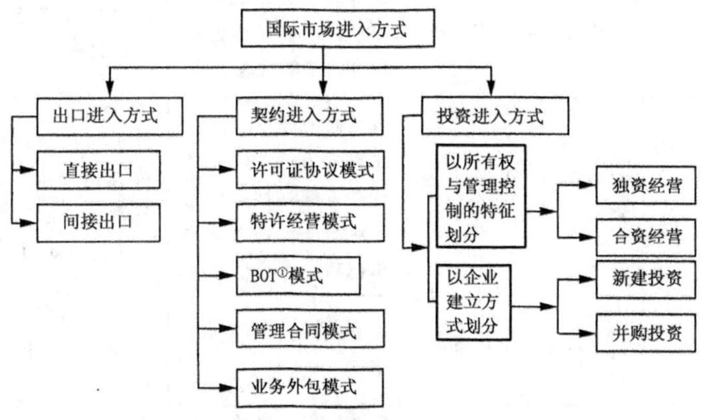

图 2-4　国际市场进入方式

（一）出口进入方式

出口进入方式与其他两类方式不同的地方在于产品在目标国以外的地方生产，所以出口模式只适用于有形产品。出口进入方式包括直接出口、间接出口两种，出口进入方式比较如表 2-4 所示。

① BOT 是 Build、Operate、Transfer 的缩写，通常直译为“建设—经营—转让”。BOT 模式实质上是基础设施投资、建设和经营的一种模式，以政府和私人机构之间达成协议为前提，由政府向私人机构颁布特许，允许其在一定时期内筹集资金建设某一基础设施并管理和经营该设施及相应的产品与服务。

表 2-4　出口进入方式的比较

分类		特点	优势	劣势
直接出口	专卖店	可以从本国派店员，也可雇用当地人员	下定决心开发海外市场，更容易与外国制造商合作	不容易遇到合适的销售人员
	直接销售	直接派本国销售代表到国外	对海外市场和信息的控制程度高；对企业和产品有深入的了解	交易成本相对高；存在语言文化障碍；缺乏当地市场知识
	经销商	不以佣金的方式收费	制造商能够控制海外市场；能够提供售后服务；了解当地市场	与经销商终止合同的代价高
	代理商	可以销售不同企业的产品	代理商的成本与产品销售挂钩；在同一市场具有续存性；加大了对海外市场信息的掌握和控制能力	终止与代理商的协议会比较困难，代价高；可能同时代理不同企业的产品
间接出口	出口商	有不同类型的出口商	能够处理出口的所有事项	销售量有限；无法控制海外市场和信息
	购买商	直接向制造厂订货	能够处理出口的所有事项，但是制造商只是与购买商进行接触，并按照购买商要求提供订货，不参与出口事宜	销售量有限；无法控制海外市场和信息
	出口委托商	代表国外委托人向制造商订货、收取佣金，出口委托商承诺支付担保	能够处理出口的所有事项并担保支付	销售量有限；无法控制海外市场和信息
	“挂拖车”出口	制造商→综合商社的海外销售网络→销往海外	与有实力的贸易企业合作，同样，贸易企业也扩大了产品的销售量和种类	因现有的销售关系，产品销售容易受到影响

（二）契约进入方式

契约进入方式是国际化企业与目标国企业之间的一种长期的非资产性合作。契约进入方式包括许可证协议模式、特许经营模式、BOT模式、管理合同模式、业务外包模式。

1. 许可证协议模式

许可证协议是许可方和被许可方让渡商标、技术、专利等权利义务的文件，有效期一般为5～10年。通常情况下，转让的是无形资产的使用权。许可证协议的使用最突出的优势是消除贸易壁垒，使运输成本得到控制。而且许可证协议风险与直接投资相比较小，因此，许多国家经常采用许可证协议模式来获取技术。

同样，许可证协议模式也存在着一定的劣势，如企业必须具有外国潜在的用户所感兴趣的专利等，这些可能会涉及商业秘密；许可方可能失去对目标市场的营销规划和方案的控制；许可证协议所取得的收入一般比商品出口或直接投资所得少，且受到许可协议有效期的限制。

2. 特许经营模式

特许经营模式是指特许方企业给独立的企业或个人使用特定的经营权，被特许方要遵循特许方制定的程序和规章，使用特许方的名称来经营业务。特许方可以从被特许方处获取连续提成费或其他形式的补偿。特许经营模式分为模式特许和产品（产品品牌）分销特许两种，特许方和被特许方之间存在契约关系。

特许经营模式的优点是投资少、见效快，可以在较短的时间内，利用现有的品牌快速占领市场，还能有效地减少管理层次。缺点是特许者与被特许者之间存在着复杂的关系；特许方的盈利有限。

特许经营与许可经营的区别在于除了授权使用公司名称、商标和技术以外，特许方还向被特许方提供组织结构、营销和日常管理的帮助。最典型的特许经营模式是生产商—分销商系统（汽车）、生产商—批发商系统（饮料）和连锁经营机构（快餐）。其他契约进入方式涉及直接向外国公司转移服务来获得货币补偿（技术协议、服务合约、管理合约、建设承包合同），或以这些服务方式（合同生产和联合生产协议）的产品作为回报。国际化企业通常将契约进入方式、出口进入方式或投资进入方式结合起来使用。

3. BOT 模式

BOT 模式是国外企业作为东道国建设一个项目，其承担着全部的设计、安装、建造等工作，并且其有义务使项目能够顺利地投产与使用，最后将整个项目交给当地管理。承建企业还有义务在交付项目之后提供管理、训练、技术援助等。BOT 模式多用于投资额较大且周期较长的项目，所以存在着比较大的风险。

4. 管理合同模式

管理合同模式指某一个企业采用合同的方式赋予另一个国家涉外企业进行日常经营的权力。在多数情况下，合同授权公司作出相关安排。管理合同属于契约进入方式，不涉及股权或企业产权，广泛应用于第三产业。

5. 业务外包模式

20 世纪 90 年代，产生了一种新的模式——业务外包模式。业务外包是指通过委托—代理契约形式将企业内部的某项任务或某种职能分包给其他企业来完成。

（三）投资进入方式

国际化公司到目标国投资，在目标国设立工厂等，将资本和母公司的技术设备投入其中。通过资金、技术支持使目标国生产单位渐渐脱离母公司，达到可以独当一面的水平。

1. 以所有权与管理控制的特征划分

（1）独资经营。

独资经营指依据业务所在国市场经营政策及相关法律法规，经其政府批准，在其境内设立工厂等。投资者（国外）拥有全部公司资本的一种经营方式。

独资经营的主要优势：①有完全的自主权和经营决策

权；②具有较强的财务管理弹性；③在生产经营过程中具有整体经营弹性；④不易造成技术和其他商业秘密的泄露，研发过程可以保证安全性。

独资经营的劣势：①风险较大；②文化不兼容，难以与当地企业合作。

（2）合资经营。

合资经营指两个及以上国家的投资者在业务所在国，经其政府批准，按法律进行股权式合营。合资意向达成后，参与各方共同投资、经营，共享利益，共担风险。

合资经营的优势：①减少投资额，降低风险值；②便于收集业务所在国市场信息。

合资经营的劣势：①容易造成分歧；②容易造成技术和其他商业秘密的泄露；③存在交易成本。

2. 以企业的建立方式划分

（1）新建投资。

新建投资指国际投资主体在海外目标市场遵守东道国的法律、法规，通过创建新的企业，进行跨国经营的一种直接投资方式。新建投资既有优点又有缺点。

新建投资的优点：从项目策划方面来讲，投资者能够在较大程度上把握各方面的主动性；从资金投入方面来讲，投资主体可以将自身所具有的材料、设备、专利及技术作为资本，弥补外汇资金的不足；从组织控制方面来讲，既减少了对原有企业制度适应的成本，也减少了采用并购方式的双方在建立信任过程中磨合适应所花费的成本。

缺点：首先，新建投资花费一定的时间，因此目标市场进入相对缓慢；其次，新进入的企业通常会遭遇来自多个方面的狙击。

（2）并购投资。

并购投资指国际投资方通过购买其他企业股权的方式，取得该企业资产的全部（或部分）控制权和所有权，把该企业纳入自己经营体系的一种投资行为。并购投资既有优点又有缺点。

并购投资的优点：①能够迅速获取资产，灵活进入市场；②低价获得资产，获得市场份额；③便于扩大经营范围，实现多角化经营。

并购投资的缺点：①文化差异大，整合难度大；②价值评估存在困难；③东道国限制多。

国际市场进入方式的比较如表 2-5 所示。

表 2-5　国际市场进入方式的比较

类型		优势	劣势	风险	进入速度	控制程度
出口进入方式		最简单的国际化方式	高运输成本，企业国际商务控制水平低	低	快	销售和营销少量控制
契约进入方式		试水国外市场的极好方式，规避市场壁垒	利润不高，可能培植自己的竞争对手	低	快	缺乏对东道国营销计划的控制
投资进入方式	合资企业	减少投资额，降低风险值；便于收集业务所在国市场信息	容易造成分歧；容易造成技术和其他商业秘密的泄露；存在交易成本	较高	慢	部分控制，与当地合作者可能有分歧
	独资企业	能够更好地实施母公司战略，维护跨国企业无形资产优势，受东道国政府的行政干预较少	风险较大；文化不兼容，难以与当地企业合作	高	慢	高控制
	并购	廉价购买资产，迅速进入东道国市场并占有市场份额，有效利用被并购企业相关经营资源	价值评估难度大；与母公司融合难度大	高	快	高控制
	新建	高利润和高控制	复杂的建立过程与高成本	很高	缓慢	保持对技术、营销和产品销售的控制

三、影响企业国际市场进入方式选择的因素

每一个国际市场进入方式选择理论的出发点和基础理论都是不同的，所以它们在分析进入方式的影响因素时关注点也不同。Root 在研究中从两方面分类，即内部因素和外部因素。内部因素主要是企业本身的一些因素，外部因素则包括东道国和母国的因素。这种内部因素和外部因素的分类实际上与其他学者的四种因素分类方法是一致的（见图 2-5）。

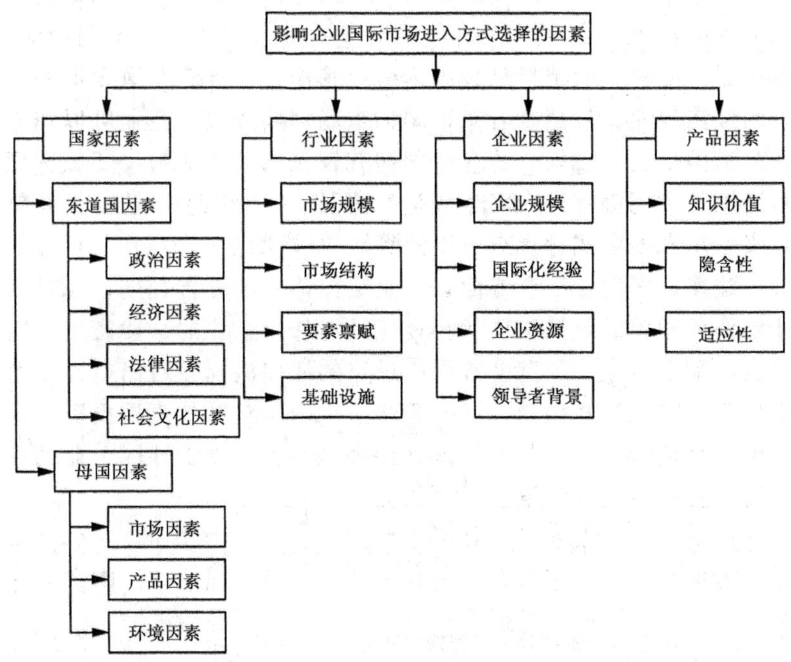

图 2-5　影响企业国际市场进入方式选择的因素

（一）国家因素

1. 东道国因素

政治、经济、法律、社会文化等因素是东道国因素。

政治因素是需着重考虑的部分。一个国家或地区的政治局面和对外资企业的态度以及其要承担的政治风险都属于政治因素。其中需要重点考虑的是政治风险的问题，因为除前期调研外，东道国的市场模式是外人难以预料的，会对最后结果起决定性影响。

经济因素主要体现在经济规模与活力及稳定程度上。从经济政策方面来看，如果东道国的国际收支出现不断恶化的现象，那么东道国可能实行货币贬值政策或进行进口限制，采用进口限制将不利于企业以出口的模式进入，若东道国实施外汇管制则会限制资本的汇出，这将对外国直接投资的进入方式产生不利影响。在这时，能提供的选择是技术许可或其他方式。若东道国拥有较大的经济规模，就意味着东道国的市场规模较大，企业可以加大在东道国市场的投入。若东道国拥有较大的经济活力，那么即便东道国的市场没有进入完全成熟的阶段，企业也可以选择具有较高资源承诺的模式进入东道国市场。

法律因素包含三个方面：一是法律体系的完善程度；二是与涉外商务相关的政策法规状况；三是对外国企业的法律态度。高关税、配额、非关税壁垒等限制进口的法律法规会对出口方式产生不利影响，一些限制外资的法律法规则会对对外直接投资方式产生不利影响。为了刺激外国直接投资，可以给予外国企业国民待遇或者其他优惠政策。

社会文化因素在经贸往来中较为突出的是两国的文化差异。在实践过程中，母国与东道国的各种差异便体现出来。两国文化差异越大，投资成本与最后产生的效益就越不好估算。

2. **母国因素**

东道国市场进入方式与母国的市场、环境等因素也有很大的关系。一个成熟的母国市场可以使其企业在进入东道国市场时如虎添翼。处于完全竞争行业的企业更倾向于以出口或许可经营的方式进入国际市场。此外，国内的生产成本越高，政府越会鼓励企业进入国外市场，因此，政府对企业对外直接投资政策具有重要的导向作用。

（二）行业因素

行业因素主要表现为以下四点。

1. 市场规模

潜在规模和现有规模是市场规模的两种形式。若潜在规模在市场上的占比较大，那么应在企业构成或生产制造等方面做调整，如设立分支机构、子公司出口、在东道国建造生产基地等。

2. 市场结构

市场结构与企业的走向息息相关，企业行为、绩效都会被市场结构所影响。技术许可方式是推荐采用的方式，因为国外市场可能是竞争性市场、寡头垄断市场，甚至完全垄断市场。在竞争性市场中，国外进入者经常采用出口和特许经营的方式进入市场。在完全垄断市场中，进入者与东道国的垄断企业竞争则会花费很高成本，企业为了减少开支、节约成本，会采用技术许可方式进入市场。

3. 要素禀赋

要素禀赋指的是东道国原材料、劳动力等生产要素的质量、成本及可获得性。对于直接投资进入方式选择有较高影响权重的是一些要素市场成本低的国家。不完全的要素市场会增加企业的经营成本，阻碍直接投资进入，所以企业更愿意选择贸易模式进入要素市场成本较高的东道国。

4. 基础设施

市场的基础设施包含能源、交通、港口通信等硬性条件，还有东道国的营销网络。除此之外，生产环境也是考察中较为关注的一点，若东道国的生产环境较好，那么其更适合生产性的资本注入。

（三）企业因素

企业因素包括企业规模、国际化经验、企业资源和领导者背景四个方面。

1. **企业规模**

企业规模一般与进入方式的控制程度成正比，企业规模越大，就越易提供诸如进入国际市场需耗费的资源。

2. **国际化经验**

国际化经验主要表现在当前有联系的国际市场数量、国际销售额占总销售额的比重、对于目标市场的认知等多个方面。

3. **企业资源**

企业资源指企业技术、资本、管理能力等与之发展相关的因素。进入方式的选择面大小通常由企业技术、资本、管理能力和营销技术等资源来决定。

4. **领导者背景**

企业领导者的风格和经历也会影响企业模式的选择。具有丰富海外经营背景和留学背景的领导者更具有对外直接投资的动力，对对外直接投资的风险认识更清楚，往往会采用控制度更高的进入方式，如独资或并购。

（四）产品因素

影响企业进入方式的产品因素包括以下三方面。

1. **知识价值**

若企业与竞争对手相比，拥有更高的管理水平及技术，又或者是拥有差异化的产品，企业就拥有比较优势。这些资产对企业产生的价值越来越大时，企业则会越来越倾向于采用控制度强的进入方式。

2. **隐含性**

由于企业的无形知识很难像有形产品一样做简单转移，应采用控制度更高的模式，从而保证其在东道国的恰当应用。

3. **适应性**

企业的产品要依据东道国市场的特殊需要来进行改良，使企业更靠近市场，此时企业会更倾向于采用合资或并购的进入方式。

第三章

企业国际化经营与产业结构演化：机理、实证与手段

第一节　企业国际化经营促进产业结构演化的机理

一、产业结构演化的因素

许多经济和非经济因素共同造成产业结构的演变，产业结构的发展变化受产业结构的内在因素和外在因素的影响，内在因素推动产业结构发展，外在因素推动产业结构演变。

（一）供给因素对产业结构变动的影响

供给因素主要包括自然条件和资源禀赋、人口因素、技术进步、资金供应、商品供应，还包括国内和国际的政治、法律、经济等环境，以及人的思想观念等因素。现主要从以下五个方面来分析。

1. 自然条件和资源禀赋

产业结构因各国、各地区所拥有的自然条件和资源禀赋不同

而存在差异。自然条件和资源禀赋差的国家或者地区可以建立以加工业为主的产业体系。随着社会的发展和技术的进步，自然条件和资源禀赋对一个国家产业结构的影响会越来越小。人们为了增加供给可以加大对资源的开发和利用的力度。

2. **人口因素**

人口因素对劳动力的供给程度、人均资源的拥有量和可供给能力均有影响，人口的适度增长以及人口素质的提高会促进产业结构的高度化、合理化发展。一个国家的产业结构的调整方向和产业的发展战略由该国劳动力资源数量和素质决定。

3. **技术进步**

产业结构的变化发展主要受技术进步的影响。一是技术结构的变化发展直接影响着产业扩张的机制。二是新型产业会随着高新技术的发展而不断涌现，从而导致产业结构发生相应变化。三是要想推动产业技术变革，就必须加快产业技术突破和高新技术发展应用，同时加快相关产业结构的变化调整，并带动其他产业的发展。四是随着创新成果进入技术主导型产业，生产率会不断上升。

4. **资金供应**

资金供应情况影响着产业结构演变总量。资金的投资结构与资金的投入规模分别影响着产业结构演变和产业结构的高度化发展进程。

5. **商品供应**

对产业结构变动产生较大影响的商品有原料、零部件、中间投入品、进口商品等。产品的关联系数与产业结构呈同向发展趋势。基础工业、上游产业、后向关联产业的技术能力水平以及产业发展水平直接影响着商品的供应。下游产业或前向关联系数较大的产业会受基础工业、上游产业或后向关联系数较大产业的制约。

（二）需求因素对产业结构变动的影响

众多需求因素影响着产业结构的变化。下面主要从消费需求和投资需求两方面来分析需求因素对产业结构变动的影响。

1. 消费需求

市场需求和市场规模分别决定了经济活动的价值和产业的生产规模。人们的需求结构随着经济的发展和收入水平的提高而发生变化。需求结构与产业结构互动规律表现为三个阶段。第一个阶段是第一产业在 GDP 中的比重随着人们对食品消费的相对减少而不断下降（恩格尔定律）。第二个阶段是以消费享受资料为主的阶段，促进了第二产业不断发展。第三个阶段是以劳务消费为主的阶段，促进了第三产业的产值在国民收入中的比重不断上升。由此可见，产业结构的演进随着需求结构的升级而升级。

2. 投资需求

产业生成和扩张的一个重要条件是投资。投资结构是指资金在不同产业的投资配置量的比例。投资结构影响着产业结构的形成和变化，因为它决定了资源向不同产业部门的分配量与再分配量。

（三）国际贸易因素对产业结构变动的影响

国际贸易因素对产业结构的调整主要是增加国内供给，而增加国内供给的主要途径是加大出口和进口，加大出口是为了刺激本国消费，加大进口是为了增加国内供给。出口贸易可以促进国内产业的发展，进口贸易可以弥补国内生产能力的不足，同时可以开拓本国市场，为本国发展同类产业创造有利条件。

（四）国际投资因素对产业结构变动的影响

国际投资会引起国内产业结构的变化，它包括本国企业在外国投资和外国企业在本国投资两个方面。其中对国内产业结构的影响更为直接和深远的是外国直接投资，主要原因是原来的产业结构会随着外资企业直接决定的产品品种和数量及中间产品的供应结构和最终产品的销售结构变化而发生直接改变，产业结构也会随着投资企业的技术创新而发生间接变化。

（五）其他因素对产业结构变动的影响

国民经济发展状况和发展水平、政府产业政策和市场等因素影响着产业结构的变化发展。产业结构与国民经济发展状况和发展水平相互影响。当一个国家的国民生产总值增长迅速，国民收入、需求结构、产业结构所面临的供给环境都会随之快速变化发展，这样一来供给与需求的双向变化必然会导致产业结构的高速变化。

政府产业政策直接影响着产业结构的变化。制定产业政策可通过支持或限制某些产业的发展，弥补市场机制的不足，加强资源的合理配置，加速产业结构的演进。

市场是社会资源配置的重要手段，市场为了影响产业结构的变动，给出市场风向信号来引导人们的投资与消费行为。

二、企业国际化经营促进产业结构演化的具体机理

经济发展的实质在于产业结构由低级向高级逐渐演化。下面介绍企业国际化经营促进产业结构演化的具体机理。

（一）技术升级效应的机理

实施国际化经营战略对我国产业技术的升级十分有利，其作用原理是通过国际化市场经营带动我国产业技术水平提升，学习国外的先进技术和经营管理经验，跟踪世界先进技术和知识的动态来推动我国国内技术和产业的双重升级（见图 3-1）。因为中国企业的技术进步必然要面临国际化经营的竞争压力，这促使它们不断提高技术水平和适应性。与此同时，寻求技术型对外投资的

外国企业将先进技术引入中国，这就实现了投资企业的国际竞争力提升和中国该行业整体技术进步的双丰收。

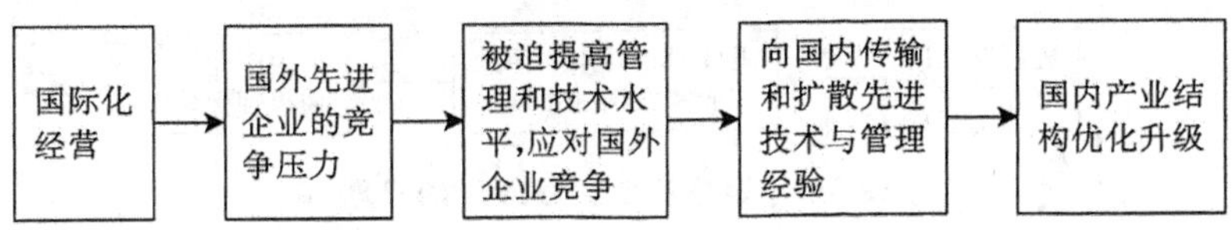

图 3-1　技术升级效应的机理

（二）资源补缺效应的机理

关键性短缺资源制约着国家的经济发展和产业结构调整。当在本国获取资源成本太高或者根本不可能获取时，对外直接投资就成为解决自然资源不足的直接办法。为了克服自身资源的缺陷，通过对外直接投资来获取必需的资源时，产业结构会随着国内产业变化而变化，由投入资源更新变化进一步向高级化方向发展迈进，达到经济与产业结构调整良性发展（见图 3-2）。

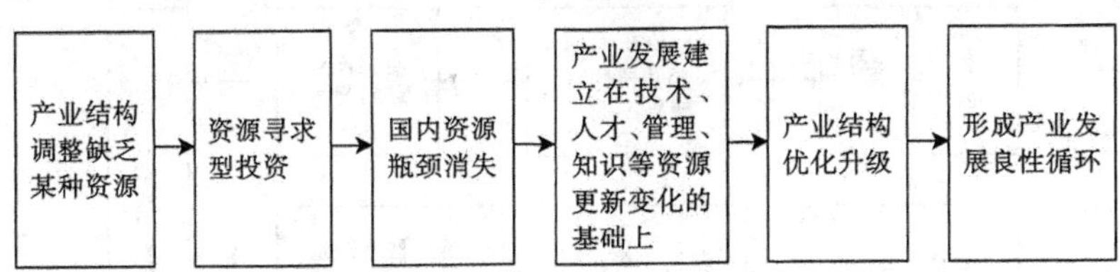

图 3-2　资源补缺效应的机理

（三）边际产业转移效应的机理

把国内竞争激烈且即将失去比较优势的产业转移到国外，如规模不大、R&D 能力欠缺等以加工组装为主的劳动密集型产业向外转移，产品转销到第三国，这就运用了小岛清著名的边际产业扩张理论中的原理。从总体上讲，我国的一些中小企业相对于一些落后的发展中国家的企业还是具有一定的比较优势的，开展中小企业对落后的发展中国家的直接投资是我国企业扩大经营规模的有效途径。这样一来，我国就可以补充、发展本国具有比较优势的产业，实现产业结构的升级（见图 3-3）。

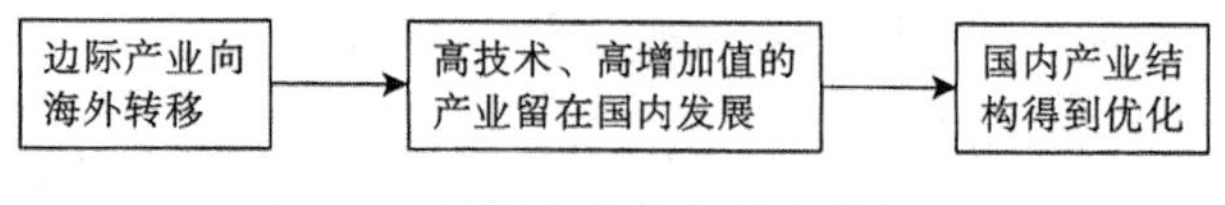

图 3-3　边际产业转移效应的机理

（四）新兴产业促长效应的机理

促进新兴产业良性成长极为有效的途径是传统产业对外直接投资和技术寻求型对外直接投资。传统产业对外直接投资可以转移国内的部分传统产业，腾出更大的空间促进拥有更为丰富的物质和技术基础的新兴产业发展，并通过新兴产业发展来提高本国的国际竞争力，从而促进本国产业结构的升级。技术寻求型对外直接投资使得投资国企业能更直接、快捷地与发达国家进行沟通和反馈，能极大地提高国内技术研发能力和管理水平（见图 3-4）。

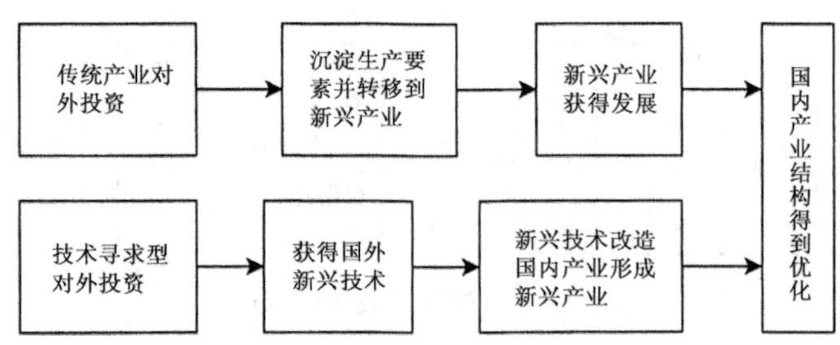

图 3-4　新兴产业促长效应的机理

（五）投资收益效应的机理

对外直接投资收益比国内投资收益更好，良好的投资收益的意义在于：①对外直接投资收益为制定国内产业结构调整政策、促进产业升级提供了良好的发展空间和物质支持；②对外直接投资的收益，加上国家产业政策的调控，实现了宏观引导和微观行为互相促进，推动了产业向高级化发展；③巨大的对外直接投资收益使得国内对投资品和消费品的消费需求增加，促进了需求层次的提升，促进了国内产业升级（见图 3-5）。

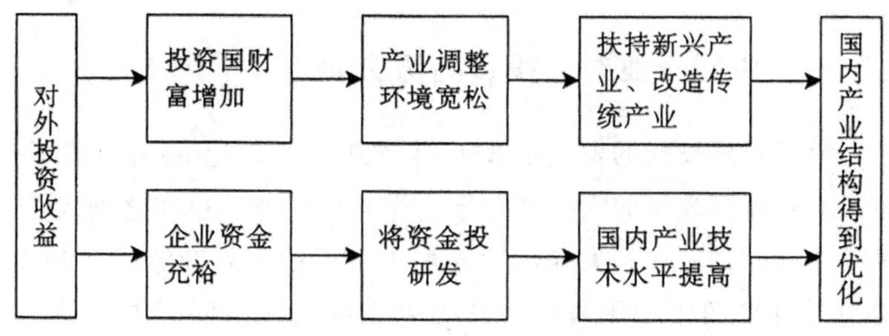

图 3-5　投资收益效应的机理

（六）产业关联效应的机理

构建具有海外发展生产链、前后向关联明显、辐射效应大的行业体系，能在很大程度上促进国家产业结构的调整，其原因如下：关联度高的产业在对外直接投资后会面临新的、更大的竞争压力，迫使自身通过提升技术水平和服务水平来解决困境，这样也使国内整体产业技术水平得到了提升；通过不同产业间供求关联、竞争关联和技术关联的交叉作用来发挥更大的波及效应，达到整个产业技术水平提升和产业升级的目的（见图 3-6）。

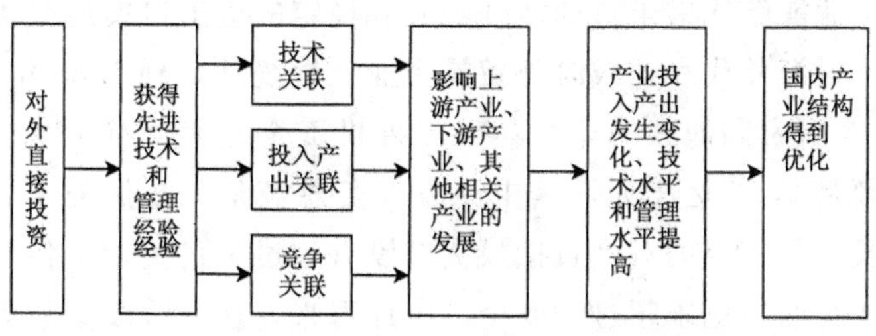

图 3-6　产业关联效应的机理

第二节 中国企业国际化经营的实践

一、中国企业对外投资的历史演进

中国海外投资的发展呈波浪形趋势。20 世纪 90 年代起，在国家宏观经济政策的大力调控下，海外投资波动也随之增大。借着对外开放方针和大力提倡境外加工贸易的大好政策，1999 年、2000 年连续两年中国海外投资力度大幅提升，创历史纪录。自 21 世纪以来，中国企业对外直接投资又出现了新的增长态势。1979 年中国开始对外直接投资。特别是 1979 年 8 月 13 日，国务院为了鼓励对外投资提出了 15 项经济改革举措，其中第 13 项举措明确提出要出国办企业。这是中国 30 年的建设历程中第一次把发展对外直接投资作为一项政治举措确立下来，为企业的跨国投资办厂开辟了新的道路。自改革开放以来，中国企业的跨国投资大致经历了四个发展阶段，这里我们主要分析前三个阶段。

（一）探索起步阶段（1979—1986 年）

改革开放政策推行初期，一部分外贸企业首先跨出国门到海外投资，它们长期从事进出口业务，具备对外经济合作经验。这部分企业能够凭借丰富的涉外经验和稳定的进出口渠道等优势在国外开设海外代表处或海外贸易企业。据统计，到 1985 年年底，在 47 个国家和地区的非贸易性海外投资企业大约有 180 个，总投资额是 2.96 亿美元，其中中方投资总额是 1.8 亿美元，但这一阶段任何一年的对外直接投资都没有超过 1 亿美元，各年兴办的境外企业数也未超过 100 个。由此看来，这一阶段参与对外投资活动的企业并不多，对外投资的规模很小，参与兴办的境外企业数量也很少。1979—1986 年，中方企业共兴办境外合资、独资企业 222 个，平均每年兴办 28 个，对外直接投资总额为 20731 万美元，每年平均对外直接投资 2591.38 万美元（见表 3-1）。

表 3-1　1979—1986 年中国非贸易性境外投资企业及直接投资数额对照

项目＼年份	1979	1980	1981	1982	1983	1984	1985	1986	合计
兴办境外企业数（家）	4	13	13	18	18	47	77	32	222
中方直接投资额（万美元）	53	3090	256	318	870	8088	505	7551	20731

（数据来源：邢建国. 中国企业 FDI 研究：理论模型与政策思路［D］. 上海：复旦大学，2003.）

（二）迅速发展阶段（1987—1992 年）

1985 年，非贸易企业的审批管理办法开始颁布实施，新规定由对外经济贸易部①根据国务院指示精神制定。新规定明确指出：只要是经济实体，有资金来源，具有一定的技术水平和业务专长，有合作对象，均可申请到国外开设合资经营企业。一些非贸易企业开始加入跨国投资行列，它们主要是有实力的大型生产企业和综合型国际信托投资公司等，如首钢集团有限公司②、深圳市赛格集团有限公司③、中国中信集团有限公司④等，投资主体多元化开始显现。1987—1990 年，中国政府共批准了非贸易性境外独资、合资企业 569 家，中方对外直接投资总额为 8.077

① 对外经济贸易部于 1982 年由进出口管理委员会、对外贸易部、对外经济联络部和外国投资管理委员会四个单位合并而成，1993 年更名为对外贸易经济合作部，2003 年与国家经济贸易委员会内负责贸易的部门合并成商务部。

② 当时名为首钢总公司。

③ 当时名为深圳电子集团公司和深圳赛格集团公司。

④ 当时名为中国国际信托投资公司。

亿美元（见表 3-2）。每年兴办的境外企业都超过 100 家，除 1990 年外，各年的对外直接投资额均超过了 1 亿美元。

表 3-2 1987—1990 年中国非贸易性境外企业数量及直接投资数额

项目 \ 年份	1987	1988	1989	1990	合计
兴办境外企业数（家）	124	169	119	157	569
中方直接投资额（亿美元）	3.5	1.53	2.3	0.747	8.077

（数据来源：邢建国．中国企业 FDI 研究：理论模型与政策思路[D]．上海：复旦大学，2003.）

1992 年，中国共产党第十四次全国代表大会明确要建立社会主义市场经济体制，许多部门、地区和企业都从进一步扩大改革开放、促进经济发展的战略高度来发展跨国经营，大幅度增加了中国参与海外投资的企业类型，进一步拓宽了投资的领域。因此，FDI 历史上发展最快的一年是 1992 年（见表 3-3）。

表 3-3 截至 1992 年年底中国 FDI 的发展状况

海外投资企业总数（家）	2600
其中：非贸易性企业（家）	1360
其中：1992 年新设企业数（家）	355
1992 年新增投资金额（亿美元）	1.95
海外投资总额（亿美元）	40
其中：非贸易性投资金额（亿美元）	15.89

（数据来源：根据《国际商报》2000 年 6 月 7—9 日整理）

（三）稳步调整阶段（1993—1998 年）

国际经济形势的变化和国内经济变动与该国 FDI 的扩张密切相关。中国国内经济发展过热使得中国产业结构不合理的问题凸显。与此同时，一些盲目发展海外投资的企业出现了效益低下甚至持续亏损的局面。还有一些企业利用开展跨国经营的旗号，开始大肆抽逃资金。中国的FDI有进入无序状态的趋势。因此，从1993年开始，国家为实现经济软着陆，开始调整经济结构。国家决定对新设海外企业实施严格的审批登记制度，并重新登记原有的境外企业，主要目的是清理、整顿海外投资企业，因此，中国的FDI增长势头开始放缓（见表3-4）。

表3-4　1993—1999年中国海外投资金额

年份	1993	1994	1995	1996	1997	1998	1999
金额（万美元）	12820	9569	14981	30531	33187	26700	61900

（数据来源：邢建国. 中国企业FDI研究：理论模型与政策思路［D］. 上海：复旦大学，2003.）

1996年，中国对外直接投资仅占国内生产总值的2%左右，这就说明了作为全球最大的发展中国家，中国的FDI输出规模还不够。但总体上来说，这一指标呈上升趋势，已从1990年的0.6%增长到1996年的2.4%（见图3-7）。FDI/GDP比重的稳定增长说明了中国经济对世界经济的融入程度正在稳步提高。

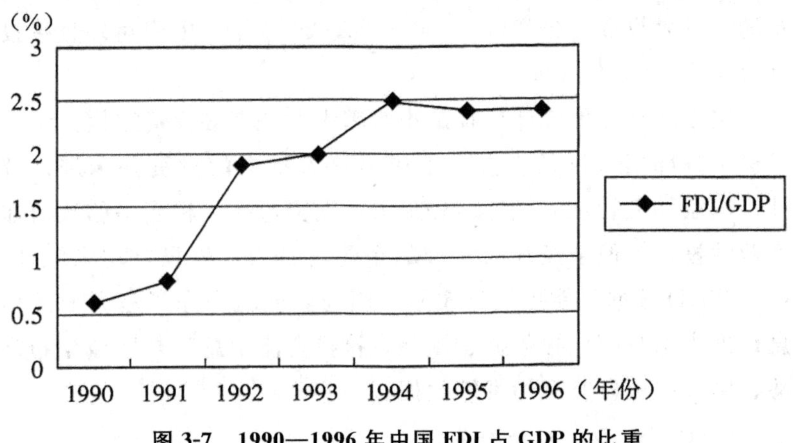

图3-7　1990—1996年中国FDI占GDP的比重

（数据来源：邢建国. 中国企业FDI研究：理论模型与政策思路［D］. 上海：复旦大学，2003.）

二、中国企业对外投资的现状与特点

中国企业已经广泛地尝试了对外投资与国际化经营，并且卓有成效。在党的十五届五中全会上，“走出去”战略被明确提出。这一战略的提出加快了企业的跨国投资与经营步伐。此时，有必要分析一下中国企业对外投资现状与特点。

（一）中国企业对外投资的现状

1. 投资的总规模

关于中国海外直接投资规模，至少有三个权威数据可以利用。一是原国家外经贸部统计的数据。截至 2006 年年底，中国在境外的各类非金融类企业共 8230 家，协议投资金额 247 亿美元，其中中方投资总额 204 亿美元。二是国家外汇管理局数据。若将中国企业历年投资统计数据汇总可以发现，从 1982 年到 2006 年，境外直接投资达 578 亿美元。三是权威的国际经济组织——联合国贸易和发展会议（UNCTAD）的数据。该组织发布的《世界投资报告》（2021 年）称，2020 年，中国对外直接投资总额为 1330 亿美元。

国家外经贸部统计口径最小，因为对外直接投资数据只统计了经主管部门批准的企业，而未经官方批准的投资并未进行统计；国家外汇管理局统计口径最大，因为包括了相当多的政府非经营性投资，但未经政府批准的企业与私人对外投资均未统计。UNCTAD 数据可能更接近实际。因为其同时考虑了三方面的信息，即中国政府申报数据、国际直接投资流动总额与区域分布态势、国际权威研究机构推算数据。

2. 投资产业、行业分布

资料显示，中国企业对外投资绝大部分集中于贸易和资源开发领域。《中国对外经济贸易年鉴（2002）》显示，海外贸易型投资和资源开发型投资占总投资的80%以上，仅前者就占到总投资的近60%。各行业分布比重如下：贸易为59%，资源开发为20%，生产加工为12%，交通运输为2%，其他为7%。这个数据只是经国家有关部门批准备案的投资数据，而民间自发的对外直接投资、行业分布无从统计，但根据典型案例统计分析，其大部分集中于海外贸易型投资。

3. **投资区域分布**

根据相关统计数据，截至2006年，经批准的海外投资非贸易型企业共3766个，共分布在160多个国家和地区，经分析大体有以下三个特征。

第一，按中国企业海外投资的区域分布来看，亚太地区占中国对外投资的超50%（见图3-8）。

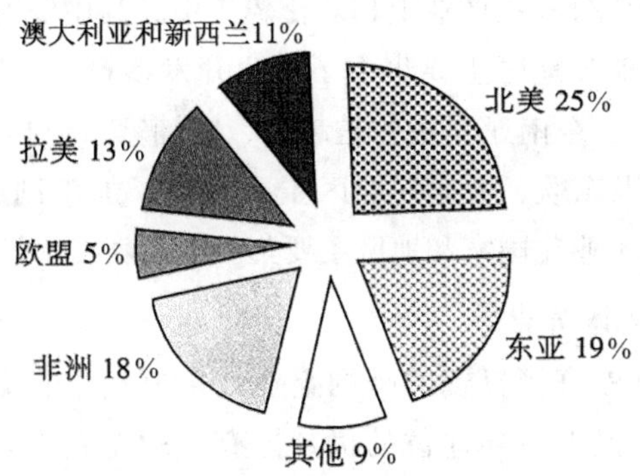

图3-8 中国企业海外投资区域分布

第二，按接受投资国家的经济发展层次来看，发达工业化国家和NIEs（新兴工业经济体）分列投资的第一名和第二名，这两类占投资总额的70%以上。

第三，从企业数量在全球的分布来看，中国的非贸易型企业主要分布在美国、俄罗斯、中国香港、泰国、澳大利亚、加拿大、新加坡、日本、南非和马来西亚等国家和地区，经政府批准的非贸易型中国投资企业共 1609 家（见图 3-9），占海外投资非贸易型企业总和的 52.05%。

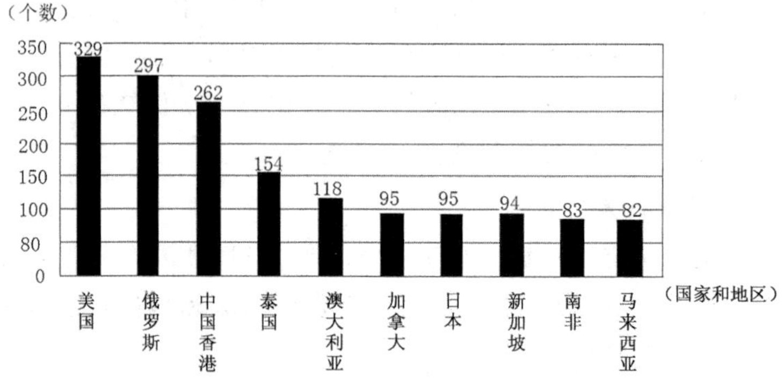

图 3-9　中国企业海外投资区域分布

全球的投资分布在产业上相对比较集中。其中资源丰裕的拉美、非洲、澳大利亚等地区主要集中了资源开发型投资；发展层次较低的非洲（32%）、东南亚（主要是越南、柬埔寨、老挝三国，20%）、拉美（18%）及东欧、中亚等地区主要集中了加工制造型投资；发达国家与新兴工业化国家和地区主要集中了高新技术投资。

4. **投资主体结构**

中国的对外直接投资的跨国企业，主要集中在各种外向型的企业和集团，但占主导地位的仍是国有大中型企业，大致可分为以下几种类型。

（1）大型工业企业集团。

这类集团由十几家、几十家甚至上百家的中小企业围绕着一个大型工业企业构成。集团的优势主要体现在生产规模、技术开发、产品制造、资金融通等方面，这些优势单个企业无法企及。这促使企业集团凭借相对成熟的技术和国外资源优势来扩大技术和产品的出口规模。特别是一大批起步较晚的跨国大型工业企业集团具备雄厚的技术优势，直接在较高起点上参与国际投资并取得了显著成效。

（2）大型专业外贸集团。

如中国中化集团有限公司、中国五矿集团有限公司等专业外贸集团，凭借着长久的对外贸易历史和良好的国际信誉度、雄厚的资金实力以及充分的对外经济贸易专业人才储备，成为外贸集团的代表，它们是中国对外直接投资率先走出国门的中坚力量。绕过国外的贸易壁垒、扩大商品在国际市场的占有比例是这类企业 FDI 的主要目标。它们利用国外的丰富资源来组织加工生产，在海外建立了进出口商品基地，提高商品在国际、国内两个市场的占有率。

（3）金融型跨国企业。

它们主要在国际资本市场上筹集国内企业急需的资金，并通过分支机构向中国海外企业发放贷款，并进行非信贷业务投资，如中国银行、中国中信集团有限公司等。中国中信集团有限公司以提供资金服务为基础，在金融、贸易、生产、技术、服务、航空等领域的投资也得到了全方位发展，并兴办了 30 多家海外企业，海外投资总额达 30 亿元。借助海外投资业务的开展，这些金融型跨国企业正在向具有“综合商社”性质的跨国企业集团演变。

（4）在资金、生产、技术、人才等方面具有较大竞争优势的大型工贸、农贸、技贸公司或集团。

海外投资业务的开展，提升了中国公司在国际市场中的地位。

（5）民营企业及中小企业。

中小企业在中国的跨国经营企业中占据很大席位，虽然投资规模不是很大，却拥有广阔的投资领域和很多的兴建项目。特别是民营企业，具有明晰的产权和完善的经营机制，地位不容忽视。现阶段，成功走出国门的民营企业数不胜数。民营企业在国际市场上的迅速崛起表明它们将是未来中国资本输出的主力。

5. **投资方式结构**

中国海外投资企业的投资方式可以分为以下四种。

(1) 绿地投资。

这种投资是将资金投入家电、电子、轻纺领域并设立独资或合资子公司。海尔集团公司（简称海尔）在全球建立了许多家工厂，在美国和巴基斯坦建有工业园。TCL 科技集团股份有限公司（简称 TCL）在越南建立年产 50 万台彩电的生产线以及年产 30 万台数码相机的生产线，总投资数亿美元。珠海格力电器股份有限公司在巴西生产空调，中兴通讯股份有限公司（简称中兴）在巴基斯坦建厂，都属于此种投资。在珠三角、长三角等经济发达地区，民营企业开始成批向海外投资。无锡光明（集团）有限公司在柬埔寨建立金卡门制衣有限公司后，其境外制衣占集团总产量的近 1/3，产品百分之百外销，每年带动国内原材料出口约 750 万美元。

(2) 跨国并购。

跨国并购的投资方式在国际上非常常见，但这种投资方式在我国是 20 世纪 80 年代才开始发展起来的。按目标或做法进行分类，可以将跨国并购分为以下四类。

一是资源开发。中国海洋石油集团有限公司（简称中国海油）通过收购东道国已有的油气田股份，成为印度尼西亚海上最大的油气生产商。中国石油天然气股份有限公司也购入了部分印度尼西亚的油气田。

二是生产与营销全球延伸。生产与营销全球延伸是跨国并购中采用最多的。上海汽车工业（集团）总公司（现上海汽车集团股份有限公司）通过购入通用大宇汽车科技公司 10%的股份走上了国际化之路。2002 年，上海海欣集团股份有限公司收购了美国格利奴公司的纽约纺织分部、两个面料厂、全部销售渠道以及 46 个知名品牌。同年，TCL 以收购了德国施耐德公司，联通施耐德和 Dual（帝而）两个品牌及其产品的分销渠道，一跃成了欧洲主要高端彩电生产商。

三是逆向代工。美国汽车零部件厂商 UAI 每年从万向收购价值 2500 万美元的制动器，万向以 280 万美元收购 UAI，从而降低了销售成本。

四是获取技术。我国的生产技术与国际先进水平还存在一定的差距，为了提高高端显示器的生产技术，京东方科技集团股份有限公司收购了韩国现代显示技术株式会社的 TFT-LCD 业务。

（3）研究开发。

华为技术有限公司（简称华为）是一个典型的案例。华为的研发机构遍及全球，海外有许多分支，同时在硅谷、达拉斯、莫斯科等地还设立了研究所。此外，华为与摩托罗拉、英特尔等合作成立了联合实验室。根据何伟文的《中国海外投资现状调查》一文，截至 2002 年年底，华为申请的国外专利 198 项，数量位居发展中国家企业首位。华为的商标在 86 个国家和地区都得到了注册，约 600 件次，得到了《保护工业产权巴黎公约》及世界贸易组织的保护。截至 2003 年，华为的交换机接入网生产已连续三年居世界首位。华为是研究开发型中国海外投资企业的成功案例。

（4）战略联盟。

战略联盟比跨国并购复杂，它指通过同跨国公司在某方面进行联合，从而达到优势组合及跨国发展的目的。2003 年，TCL 与法国汤姆逊公司合作，将双方的彩电和 DVD（数字激光视盘）业务进行合并，其彩电年销量达到 1800 万台，占世界彩电市场的 10%，居世界首位。TCL 利用汤姆逊、RCA 的品牌和销售网络，以及在亚洲、欧洲、北美等主要市场的高效率制造中心，这种方式比自己直接投资速度快，且公司不需要并购大公司，又节省了成本。而青岛啤酒股份有限公司（简称青岛啤酒）又是另一种做法。2002 年，青岛啤酒与安海斯-布希公司进行战略联盟，青岛啤酒向安海斯-布希公司强制性发行债券，筹资 14.16 亿港元，同时利用安海斯-布希公司的全球战略布局及技术，提升了青岛啤酒的品牌与竞争力。同仁堂的海外投资类型与青岛啤酒相同。

6. **投资企业经营状况与投资效益**

我国的海外企业经营主要为贸易型和资源开发型，大多数的贸易型企业均有“窗口”、“夫妻店”或“接待站”等特点，经营效益较差。《2018 年度中国对外直接投资统计公报》显示，2018 年中国已开办的海外企业盈利和盈亏持平的占 70%，亏损的占 30%。从企业经营方面来看，海外经营实现盈利的企业多数为非生产性的企业，反之，海外经营亏损的企业多数为生产性的企业。从企业的所有权关系方面来看，海外经营实现盈利的企业多数是非国有企业，而国有企业在海外投资的成功率不高。

（二）中国企业对外投资的特点

分析我国企业的对外直接投资活动，可以看出以下几点。

1. **投资主体多元化**

我国的主要对外投资者有以下五种。一是中央部委与各省市的专业外贸企业。二是中央部委与各省市的对外经济技术合作企业。三是国有商业银行和其他金融企业、工业企业或工贸集团。四是窗口型企业以及其他企业。五是沿海开放地区的中外合资企业和私营企业。以上对外投资者反映了投资主体的多元化，表明了我国各领域企业的经营行为随着时间的推移也在逐渐改变，它们逐步将投资视野从国内扩展到国外。投资主体多元化有利于调动社会中的积极因素，有利于发展对外经济交流与合作，形成多层次、全方位的对外开放战略格局，促进中国企业对外直接投资和跨国经营的发展。

不过，建立在利益分散化基础上的多元化投资主体活动，也有可能给国家整体利益造成负面影响。这主要是因为不同投资主体可能在同一地区或行业领域进行重复投资，自相竞争，肥水外流。因此，面对跨国投资主体多元化已成定局并日益发展的趋势，国家设立权威机构加强宏观调控和战略指导，消除多元主体的利益冲突，维护中国投资企业和国家的整体利益显得日益重要。

2. 单项投资规模相对较小

中国企业跨国直接投资与发达国家相比还存在着一定的差距，投资规模较小，超过百万美元的单个项目不多，多数中小企业创建的境外企业投资额只有十几万美元甚至更低。截至2000年年底，我国的4000多家海外企业的中方投资额高达50亿美元，平均每个企业投资额达114万美元；截至2001年年底，我国的1000多家非贸易性境外企业的平均协议投资额虽然达到了312.4万美元，但其平均中方投资额仅有138.4万美元。从以上数据可以看出，发达国家国外子公司的投资规模约为600万美元，我国的企业跨国直接投资规模要远远小于发达国家跨国企业，同样我国的企业跨国直接投资规模也小于平均约260万美元的其他发展中国家做跨国企业。实际上，由于几家中央企业在境外有一批超过千万美元的大型投资项目，我国境外企业绝大多数的中方投资额均少于100万美元。虽然小型的海外投资企业及其经营组织形式相对灵活，但在国际竞争激烈的环境下，小型的海外投资企业无法与实力强大的跨国企业相抗衡。其中主要原因有以下两个方面：一是我国的海外企业跨国经营正处于开始阶段，在国际竞争方面缺乏经验，在对外直接投资的规模上持谨慎的态度；二是虽然中小企业在参与跨国投资中活跃度较大，但由于自身的经营实力，它们的战略目标往往是投资少、见效快，同时这些中小企业大多数选择那些经济发展水平相近或较低的发展中国家作为自己的投资区域，它们选择的企业也是这些投资区域中的中小企业。另外，由于我国大多数跨国经营企业在利用国际资本市场中的各种资金方面缺少经验及方法，它们通常只能依靠自身的资金，这限制了投资的规模。

3. **投资地区分布相对集中**

我国对外直接投资项目的分布呈相对集中的特点。我国的非贸易性境外企业在世界各国和地区都有分布，但主要集中在美国、日本、德国、澳大利亚和加拿大 5 个发达国家，在这 5 个国家的企业就占 30%；在俄罗斯、新加坡、泰国等地又集中了 30%的非贸易性企业。上述国家和地区集中了我国约 2/3 的非贸易性境外企业。

由于我国经济迅猛发展，我国需要多种多样、来源广泛的经济资源，需要日益广阔的国外市场。加上我国对外投资主体的多样化，不同行业、不同规模的企业和其他经济主体源源不断地加入投资者队伍，投资者队伍不断扩大。我国对外投资将会逐步突破这种相对集中的格局，逐步向多元化和全方位发展，这有利于中国不同规模和行业的投资者发挥各自优势。从中国企业跨国发展的总体来看，我国已经对国际市场进行了全方位的开拓，对多渠道的国际资源进行了利用。因此，跨国经营总体全方位和多元化发展与企业个体的相对集中化经营，有可能成为我国企业跨国经营的一种基本格局。

4. **投资行业多样化**

我国企业跨国投资的行业领域涉及广泛，如农业作物种植、资源开发、餐饮、旅游、科技研发、综合贸易、金融等，均有涉足。

我国企业在跨国投资中的一个引人注目的特点是突破了传统的部门分工体制，以商品生产者的眼光来选取它们在国外的投资方向，不再拘泥于界限分明的部门分工。这主要集中表现于 20 世纪 80 年代后期，各行业企业为了守住本行业的基础，采取了

“交叉进入”的发展趋势。第一，外贸企业逐步扩大了海外制造业的投资比重。第二，工业企业逐步向贸易等行业领域进行多样化扩展。第三，以劳务承包为主的对外经济技术合作企业正在逐步从餐饮服务业投资向轻工和电子等行业进行扩展。这样的经营道路顺应了国际经营发展的趋势，有利于我国提高跨国经营企业的综合实力，增强国际竞争力，分散企业风险，提高经营收益。

虽然我国的海外企业还存在着一些问题，但从整体上看我国的海外投资成效还是非常明显的。第一，海外投资提升了我国企业的全球产能，扩大了海外市场，增加了就业和出口。第二，海外投资提升了我国企业品牌的国际形象，如华为、青岛啤酒等。第三，海外投资为企业拓宽了资金来源渠道，如中国石化与埃克森美孚和英国石油联盟，在纽约证券交易所筹集资金；青岛啤酒与安海斯-布希公司联盟，在中国香港筹得资金，这些都促进了企业的全球化发展。

三、中国企业国际化经营的国际比较

下面从投资主体、投资规模、投资方式和跨国程度指数这几项反映一国对外直接投资结构的指标来比较中国企业与国外跨国企业对外直接投资的结构性差异。

（一）投资主体

从美国《财富》杂志的世界500强企业排名来看，1992年开始，我国企业的变化最大。1992年，我国有2家企业进入了美国《财富》杂志的世界500强榜单。随着我国经济改革的不断深入和企业制度的不断完善，我国企业发展呈稳定上升状态。截至2002年，我国已有11家企业进入美国《财富》杂志的世界500强，它们分别为国家电力公司、中国石油天然气集团有限公司、中国石油化工集团有限公司（简称中国石化）、中国电信、中国工商银行、中国银行、中国移动通信、中国化工进出口总公司（现为中国中化集团有限公司）、中国建设银行、中国粮油食品进出口（集团）有限公司（现为中粮集团有限公司）、中国农业银行。

从以上 11 家企业可以看出，它们在国内基本上处于垄断地位，没有一家是真正意义上的制造型企业。从行业分布来看，我国进入世界 500 强的企业集中分布在电力、石化、银行、电信和外贸这五个垄断程度较高的行业。换句话说，这些企业进入世界 500 强并不是凭借竞争优势，而是凭借我国经过几十年计划经济所积累起来的庞大的规模优势。

从投资主体结构方面来看，在世界 500 强中，位居前列的行业是电子、通信、计算机、汽车、石化等。1998 年美国《财富》杂志提供的数据显示，这些跨国企业总数只占世界 500 强企业的 26%，而它们的销售总额却占到世界 500 强企业销售总额的 34%（见表 3-5）。

表 3-5　1998 年工业类企业在世界 500 强中的分布情况

项目 行业	数额 （个）	比重 （%）	销售额 （亿美元）	比重 （%）
汽车和零部件	25	—	11508	—
石油化工	31	—	9425	—
电子设备	25	—	7824	—
通信、计算机	22	—	5324	—
食品	28	—	4864	—
5 个行业合计	131	26	38945	34
世界 500 强企业合计	500	100	114535	100

据不完全统计，我国的海外企业中盈利的占 55%，收支平衡的占 28%，亏损的占 17%。盈利的以非生产性企业为主，收支平衡及亏损的海外企业大多数为生产性企业。这与工业企业在跨国企业中的所处地位和所占市场规模形成对比。因此，可以说

我国的跨国企业正处于企业国际化经营的初级阶段。即使是进入世界500强的中国企业，其盈利能力也是不高的。根据2002年《财富》杂志公布的世界500强企业排名，入榜的11家中国企业的营业收入总额只占世界500强企业营业收入总额的2%。以石油公司为例，中国石化有职员93.7万人，营业收入却只有约404亿美元，与中国石化相比，美国石油公司埃克森美孚职员虽然只有9.79万人，它们的营业收入却高达1916亿美元。

（二）投资规模

据我国对外经济贸易合作部的统计，截至2002年6月底，我国在海外投资设立6758家非金融类经营机构，协议投资132亿美元，中方投资约100亿美元；累计签订价值1053亿美元的对外承包工程合同，营业额达到752亿美元；累计签订价值281亿美元的对外劳务合作合同，营业额达到220亿美元；累计外派劳务超过260万人次。因为我国对外直接投资有一部分并没有经过官方批准，所以这些数据所反映的我国企业的跨国经营规模相对较小，不够准确。联合国专门从事全球跨国投资问题研究和政策制定的权威部门为联合国贸易和发展会议投资、技术和企业发展司，其每年都会编写《世界投资报告》。《2000年世界投资报告》和《2001年世界投资报告》显示，我国从1994年至2000年的对外直接投资年度金额分别为20亿美元、20亿美元、21.14亿美元、25.63亿美元、16亿美元、35.34亿美元和41亿美元。截至2000年年底，我国对外直接投资累计金额为297亿美元。其还显示了1998年世界主要国家对外直接投资在全球对外直接投资中所占比重，美国、英国、日本、德国、荷兰、法国占比均在我国之上。其中美国居首位，占24.13%；英国位列第二，占12.11%；意大利、加拿大、瑞士、瑞典、澳大利亚、西班牙、新加坡等占1%～5%。

《1999年世界投资报告》显示，全球约有6万家母公司建立的约 50 万家国外分支机构在世界范围内从事经营活动。从总体上看，平均每家母公司有 8.5 家国外分支机构。其中发达国家平均每家母公司有 1.9 家国外分支机构，发展中国家和地区平均每家母公司有 25.8 家国外分支机构；中东欧国家平均每家母公司有 205.5 家国外分支机构，我国平均每家母公司的国外分支机构高达 382.6 家。

（三）投资方式

我国绝大多数的对外直接投资企业在建设生产性项目时多采用与东道国或第三国的企业进行合资或合作经营的方式。贸易性企业主要采用中方独资的方式。境外资源开发，特别是石油勘探主要采用中外合作开发的方式。我国也有少数企业采用的方式是项目融资，如 BOT 等。从总体来看，我国对外直接投资企业采取合资投资方式的占绝大多数，约 70%；采取独资投资方式的约占 20%；采取其他投资方式的约占 10%。还有数据表明，我国约有 85% 的境外投资项目是新建项目，其他都是通过并购、控股等方式进行对外直接投资，所占比重很低，多集中在我国香港地区。

发达国家多采用兼并、收购的方式来进行对外直接投资。当前，全球对外直接投资已经进入了一个崭新的发展阶段。首先，跨国企业并购已成为全球对外直接投资的主导形式。相关数据显示，在全球对外直接投资中，跨国并购投资所占比重逐年递增，2003 年占 83.2%，2004 年占 89.7%，2005 年占 88.8%，2006 年占 93.7%。但是我国的对外直接投资还是以合资、独资等形式为主。我国的对外直接投资与全球对外直接投资在投资形式上仍有一定的差距。其次，第三产业已成为全球跨国并购的主导产业。2006 年，在全球的跨国并购交易中，第三产业占主导地位，占 60.2%；第二产业位居第二，占 35.2%；第一产业所占比例最少，仅占 4.6%。在第三产业跨国并购中，涉及领域主要为银行、电信、媒体等，但我国这些领域的基础薄弱，所以尚未完全对外实现开放。因此，我国对外直接投资与全球对外直接投资相比在投资领域上也存在着一定的差距。最后，强强并购已经成为全球跨国并购的主导类型，即“大并大”。虽然我国已组建了众多的大型外贸企业集团，但是与全球跨国企业相比，其在资产规模、企业素质等方面还有一定的差距。因此，在以强强并购为主流的大时代背景下，我国对外直接投资与国际相比同样存在一定的差距。因此，从全球范围来看，我国的对外直接投资仍处于“非主流”的状态，并没有与全球性的跨国并购接轨。调整对外直接投资战略是当今我国经济发展的重点之一。多利用并利用好跨国并购方式已成为取代传统投资方式的新建方式。

另外，发达国家的对外输出已经历了三个阶段，即商品输出、资本输出和无形资本输出。商品输出、资本输出皆为有形资本输出。20 世纪 90 年代以来，除纯粹资金投入外，在对外直接投资过程中，采取非资金投入的方式逐步增多。因为巨型跨国企业实力雄厚，所以无须投入资金，可以用品牌、生产工艺、配方等进行对外直接投资。跨国企业正逐步转向以无形资产进行对外直接投资，相比较而言，我国的企业跨国投资方式几乎全是有形资本投入。

（四）跨国程度指数

跨国程度指数是跨国企业国外资产额与总资产额、国外销售额与总销售额、国外雇员数与总雇员数三个比率的平均值。跨国程度指数是衡量企业全球化程度的权威指标。相关数据显示，2006 年，世界前 100 家跨国企业平均的跨国程度指数约为 56.8%，其中跨国程度指数较高的行业主要有传媒行业（74.6%）、食品和饮料行业（73.3%）、建筑行业（69.6%）、化工和制药行业（65.9%）、电子和电气制备（55.9%）等；发展中国家和地区前 50 名跨国企业平均的跨国程度指数约为 37.2%，其中跨国程度指数较高的行业主要有运输行业（48.3%）、食品和饮料行业（42.2%）、纸张和纸浆行业

(38.3%)、电子和电气制备(38.8%)、多样化经营行业(34.3%);我国的跨国企业的跨国程度指数最高的是中国中化集团有限公司[①](简称中化集团,44.6%),最低的是首钢集团有限公司(简称首钢集团,17.9%,连发展中国家和地区前50名跨国企业平均的一半都没有达到)。从世界范围来看,排名前六的跨国企业的跨国程度指数都超过了90%。

四、中国企业国际化经营的优势与劣势分析

加入世界贸易组织后,中国的对外开放进入了一个新的阶段,中国进一步融入国际经济体系。作为中国市场经济的主体,企业会面临更多的机遇和挑战。若想要分享扩大市场的好处,中国企业就不仅要在国内市场上与其他国家的企业竞争,更要在广阔的国际市场上与其他国家的企业进行竞争。在从计划经济转型到市场经济的环境中成长起来的中国企业在国际化的过程中具有特定的优势与劣势。

(一)中国企业国际化经营存在的优势

1. 具有能够适应不同投资需要的综合规模

世界各国的经济发展水平不平衡,科技水平、市场经济发展程度及综合国力等都存在着一定的差异。因此,世界各国的投资需求规模及层次也存在着差异。许多的发展中国家因为没有完善的投资环境,生产规模不大,且市场范围狭小,限制了许多国际大型跨国企业来此投资。对于我国来说,对外直接投资的特点为大中小企业并举。许多中小企业的规模、项目较小,且具有劳动密集型技术,它们的项目容易上马和转产,这些优势非常适合发展中国家的投资环境。有些发展中国家因为管理水平较低,先进

① 当时名为中国中化集团公司,2021年3月经报国务院批准,中国中化集团有限公司与中国化工集团有限公司实施联名重组。

技术吸收消化能力较差，所以它们更感兴趣的是相对成熟且容易掌握的技术，反之，不喜欢发达国家先进但复杂的技术。

我国的工业基础较为雄厚，工业体系完整，且拥有一批国际竞争能力强的大企业和企业集团。它们集先进技术、雄厚资金和规模经济于一身，能够进行对外直接投资，参与国际竞争。1995年，美国《幸福》杂志评定，中国的中国银行、中粮集团有限公司（简称中粮集团）和中化集团已成为世界500强企业。中国未来对外直接投资的主力军如中国中信集团有限公司（简称中信集团）、首钢集团等大企业在国际经济舞台上的地位日益凸显。

2. 成熟技术与传统产品优势对比

相较于许多中等或落后的发展中国家，中国拥有许多比较成熟的技术。这些发展中国家受经济发展和技术水平限制，中国的成熟、适用技术相较于发达国家的先进技术对其更具吸引力，甚至中等水平的中国科技设备也备受欢迎，如轻纺、机电、食品加工以及传统的烹调、中药、园林等日趋成熟的大量中间技术和加工制造技术。上海凤凰企业（集团）股份有限公司为了扩大出口，分别在加纳和巴西设立公司，年生产能力分别为15万辆和50万辆自行车，当地的消费需求偏好正好和生产技术与层次相吻合。

对发达国家来说，总体技术水平较高，但各行业乃至行业中企业的技术发展水平是十分不均衡的。因此，中国某些成熟技术与发达国家的某些行业及某些企业的技术相比也具有明显的优势。中国在航天、生物工程、超导技术、软件开发等高科技领域也具备明显的优势，并已经赶上甚至超过世界先进水平，所以中国企业跨国投资的一项战略是转移这种优势，直接向发达国家投资。

中国许多传统产品在世界市场上也具备很好的竞争优势。据美国《市场论坛》杂志1993年的调查，资源产品、稀土原料、电子产品及计算机软件、丝绸纺织产品、食品和饮料、机床和小五金、科学仪器和医学用具、工艺美术品8类中国商品在美国市场具有很强的竞争力。这是因为其质量上乘且价格低廉，中国企业可以直接在国外进行投资并发挥其技术优势。

3. **低廉产品成本优势**

发展中国家的企业为了降低成本，一般会考虑在低于本国工资水平的国家和地区进行投资。中国跨国企业为了降低生产成本、节省广告费用和管理费用，选择在劳动力低廉和资源丰富的国家和地区输出成熟的设备和技术，建立起小规模劳动密集型企业，而且零部件和维修服务的价格较低。这就是中国跨国企业产品能以较低价格打入东道国市场，并借助当地低廉的产品成本优势进入第三国市场和国际市场的原因所在。例如，毛里求斯具备产品成本优势，上海纺织控股（集团）公司在此进行投资设立了针织企业，并且提供价格便宜的设备、配件和维修服务，产品价格只有欧洲市场的1/4～1/3，不仅赢得了当地市场，而且挺进了欧洲市场。

4. **种族优势和良好的投资环境**

发展中国家特有的竞争优势是利用种族纽带在侨民集中的地区开拓对外直接投资领域。在世界各地的华人有几千万人，他们因为文化背景相同更容易沟通与合作。生活在海外的华人们，对当地的市场和法律政策十分熟悉。如果开展对外直接投资，容易获得华人的支持，能迅速获得信息，更容易进军当地市场，或与华人合资、合作创办海外企业。在中国对外直接投资的初期，要重视外籍华人、港澳台同胞的亲情和纽带作用，充分地利用他们在海外工商界的地位、雄厚的经济实力和在当地从事生产经营的经验，让他们成为中国对外直接投资可以信赖的良好合作伙伴。

当前，随着中国的经济实力和综合国力的日益提高，国家在对外直接投资方面采取了宽松或鼓励的政策。世界上大多数国家和地区都对我国企业投资表示欢迎，并提供了较宽松的投资环境。中国企业开展对外直接投资的宝贵资源和优势在于中国企业多年的跨国经营实践、与东道国建立的良好合作关系，以及信誉和诚实、友好、勤劳的形象。

（二）中国企业国际化经营的劣势

1. 体制方面

尽管中国企业从事国际化经营的体制改革已取得了显著的效果，但仍然受国有企业产权结构不清晰问题的制约。多年来产权没有实现人格化，造成了以下结果。一是国有资产流失。据国务院国有资产监督管理委员会统计，仅 2015 年境外国有资产流失就高达 12 亿美元。二是尽管近些年企业能力有了一定的提升，企业经济效益也有大幅度的改善，但海外投资经济效益低下、投资回收率不高。《2018 年度中国对外直接投资统计公报》显示，2018 年中国已开办的海外企业盈利和持平的占 70%，亏损的占 30%。

2. 企业的组织结构、管理机制方面

为实现企业目标，企业纷纷进行组织结构及相应的管理体制的整合。

要改变企业组织结构单一，在科技开发、生产、销售、供给方面脱节的问题，就要彻底摆脱“家族式”“作坊式”的组织结构。其存在的弊端是企业在进行国际化经营时没有入乡随俗，而是按照国内生产经营方式和管理办法来远程遥控指挥海外企业的经营活动，大大削弱了许多海外机构的驻外办事处或接待站的积极性和创造性，出现了对海外企业放任自流的倾向。如国内总公司同海外企业之间未形成合理的母子公司管理模式，相互间联系松散，没有形成供、产、销、研发和财务之间的内部分工与一体化的格局。

3. 企业的经营机制方面

中国企业国际化经营的历史不长，在经营机制方面仍有很多不足，如中国海外企业受融资能力和融资方式的限制，大多数存在资金不足的问题，严重缺乏流动资金；中国许多跨国经营企业市场营销能力偏弱，不了解国际化经营中的销售渠道，缺乏国际销售管理经验，营销网络国际化表现不佳，所以国内许多企业都缺乏参与国际竞争的关键条件如营销专业人才、国际标准规范和市场渠道等，企业科技成果转化率低、技术研发水平偏低，主要是由于产品技术含量不高、技术创新意识不强、机制不活、人才缺乏、能力不足；中国企业缺乏完整的人力资源管理机制，对人力资源管理的认识仍停留在人事制度管理的层面，大大削弱了管理人员和技术人员的积极性，人才流失比较严重。另外，在人才培养方面缺乏规范和制度，导致企业缺乏具备较高素质且能从战略高度出发实现预定目标，懂得国际工商管理，了解国际市场，熟悉对外直接投资操作，能够驾驭跨国生产经营管理和了解东道国法律制度、文化商业习俗、国际法律法规、国际惯例等的跨国经营管理人才。

4. 企业国际化发展动机和发展战略方面

中国企业经营的重点仍在国内市场，大多数企业缺乏长期、明确的国际化经营战略规划，还没有把国际市场当作经营的着眼点，而仅仅是把国际市场当作国内市场的补充。

5. 产业结构和产品结构方面

中国严重缺乏对高新技术产业的跨国投资，对加工、制造等初级产品产业的投资过多。另外，出口商品结构单一，缺乏产品特性，产品质量体系未得到国际认可，产品竞争力相对较弱。从产品品牌来看，中国企业品牌的国际知名度、美誉度都比较低，世界商标价值排在前 50 位的名牌产品中没有一个是中国产品。部分企业缺乏品牌保护意识，许多知名的品牌在国外已被外国企业抢注，未保护好企业的合法权益。

6. **投资决策过程方面**

中国企业对外直接投资决策过程不科学，投资风险系数偏高。企业在对外直接投资前必须对东道国市场动态、目标顾客类型、购买动机、消费习惯等投资环境进行考察，对投资项目进行可行性研究与论证，这是获准立项的前提和基础，也是进行投资决策、降低投资风险的关键环节。然而，部分中国企业在进行实地考察时，由于受经费和时间的限制，往往敷衍了事，或是找华侨或驻外使馆做些简单的咨询和粗略的调查，回国后就匆匆起草各种报告，造成立项不当，甚至决策失误。不少大型投资项目主要出自政府官员访问、洽谈，根本不考虑企业自身发展和市场需求，不能有效细分市场、准确进行市场定位、确定市场目标。项目启动后，企业进行决策都需要政府批准。这种决策过程缺乏市场调研和可行性评估，不能为投资决策提供科学的依据，也不是真正意义上的企业决策行为，因为未能客观反映投资环境的状况。

7. **国际化经营经验方面**

中国企业不能及时掌握国际市场信息，所以不能针对国际市场变化作出快速反应。此外，不少跨国经营企业缺乏国际化经营环境分析环节，盲目地进行对外直接投资和合作伙伴选择，由于对国际惯例、中外文化差异以及东道国市场和法律法规等情况都不熟悉，可能会出现投资失误甚至上当受骗。

8. **企业能力及优势转化方面**

企业能力是企业利用知识资本来从事生产经营活动，并有效地处理生产经营中的各种难题的能力。企业能力是企业竞争优势的主要源泉。企业能力的不同形成了企业获取和利用资源的差异，也决定了企业国际化经营的成败。企业内部能力的培养和各种能力的综合运用决定企业对国外事业的控制力。

总的来说，中国企业能力不够高，在国际竞争中不占优势，对瞬息万变的国际市场环境没有足够的应变能力，对国内市场与货源依赖性过高，不太适应国际经营环境。

第三节　企业国际化经营：中国产业结构优化的手段

一、经济全球化背景下的中国产业结构调整

（一）经济全球化带来的变化

20 世纪 80 年代以来，经济全球化趋势日益凸显。各国经济紧密联系在一起，相互依存，一个国家经济出现瓶颈，立刻就会影响世界经济的整体运行。诸多学者对经济全球化做了解释，以下三种比较有代表性。一是经济合作与发展组织（OECD）前首席经济学家奥斯特雷（Sylvia Ostry）认为，经济全球化主要是实现资源最佳配置的过程，使生产要素在全球范围内广泛流动。二是国际货币基金组织（IMF）对经济全球化的定义：跨国商品及服务贸易以及国际资本流动规模和形式的增加，加上技术的广泛、迅速传播，促进了世界各国经济的相互依赖性大大加强。三是法国学者雅克·阿达认为，经济全球化就是资本主义经济体系对世界的支配和控制。这些观点表述存在一定差异，但基本点大致相同，即都阐述了资本的流动使世界各国的经济越来越紧密。因此，可将经济全球化这样来表述：经济全球化是全球各国经济一体化的过程，各国相互联系、相互依存，在全球范围内实现资本、技术、信息等各类生产要素的流动和配置。

就目前来说，国际环境正在发生日新月异的变化。

1. **国际贸易、投资与金融自由化**

国际商品贸易高速增长是国际贸易壁垒削减的必然结果，

1980—1995年平均增长率和年平均增长率均高于同期世界经济增长速度。随着国际投资日趋活跃，跨国企业已经成为推动经济全球化进程的主力军，因为《世界投资报告》显示，跨国企业累计输出资本已达35000亿美元，经济全球化已成为必然趋势。金融国际化加速发展使得国际金融市场交易飞速发展，国际金融市场形成了时间上接续、价格上联动的交易网络。

2. 科技进步是经济发展的动力

在知识经济时代，以知识生产为主的生产方式已经逐步取代了传统的以物质生产为主的生产方式，21世纪经济增长的重要动力是科技和创新。电子技术、通信技术、计算机的飞速发展使产业不断向信息化、网络化和智能化方向发展，并使人们的生产方式、意识和行为都发生了深刻的变化。

3. 涌现了世界范围的又一轮产业结构调整浪潮

发达国家为了占领国际市场竞争的制高点，主要通过发展高新技术和知识型产业使本国产业重点向技术密集型和知识密集型方向发展，将劳动密集型和部分资金密集型产业转移到发展中国家。同时，大部分尚处于工业化中期的发展中国家为了促进工业结构升级，纷纷加大传统产业调整力度，大刀阔斧地推进信息化改革。

4. 跨国企业迅速发展

跨国企业是经济全球化的主体，占据了全球对外投资的4/5以上。美国学者罗伯特·赖克（Robert Reich）表示：大企业将主宰国家的命脉，因为世界正由国家经济向全球网络过渡，封闭性或基本封闭性的国家将很快被历史淘汰。

（二）跨国企业推动经济全球化发展

跨国企业是最适宜经济全球化发展的企业组织模式。19世纪末20世纪初以来，跨国企业成了与经济全球化联系最为密切的经济组织形式，对世界经济产生了深远的影响。原因是跨国企业超越了原先的国际贸易、信贷资本、国际金融流动和国际人力资源的流动，是一种综合了技术、资本、人才、管理等众多要素乃至整个生产行业的跨国移动。联合国贸易和发展会议发布的《2000 年世界投资报告》中的数据显示，世界上跨国企业共 65000 家，国外分支机构大约有 85 万家。近几年跨国企业的规模日趋庞大，控制了世界生产总值的 30%，不仅如此，跨国企业还在蓬勃发展。根据《世界现代史》一书的数据，如果将国家实体与跨国企业一起排列，世界上最大的 100 个经济实体中，有将近一半是跨国企业。跨国企业在经济全球化发展中发挥了主导作用，这主要表现在以下三个方面。

首先，跨国企业按照最有利的区位条件将生产和销售分布于世界各地，每一个职能专门化的分支机构构成一个一体化网络，并使分散在各地的生产、销售及研究开发等机构服务于母公司的全球战略。这种以世界为加工厂，以各国为生产车间的国际化生产模式，迅速地加强了世界经济与东道国经济以及母国经济间的密切联系，并发展和加深了世界各国在生产、流通、交换、消费、技术与产品研发等方面的多方协作关系。

其次，跨国企业提高了劳动生产率，促进了生产的国际分工，建立了全球生产专业化协作模式。例如，通用汽车公司将 60 多家汽车制造厂设在全世界 30 多个国家，国外生产占到 31.7%。而美国波音公司的波音 747 客机是由 26 个国家的 25000 家企业协作生产的 450 万个零部件组成。[①] 同时，由于生产国际化，跨国企业不仅获得了更广阔的市场和更丰富的生产要素，也实现了在专业化基础上更有效率的规模经济，在全球范围内形成了投入产出合作

---

① 何自力. 经济全球化、跨国公司与产业结构调整 [J]. 山东财经学院学报，2003 (2)：5-10.

关系。跨国企业全球生产体系的创建，将推动全球范围经济的更快增长和效率的大幅度提高。

最后，跨国企业的内部化市场快速发展使得国家间的经济合作关系更加紧密。国际商品和劳务交易的市场内部化是跨国企业跨国经营发展的必然结果。目前，跨国企业内部及相互之间的贸易是世界进出口贸易的重要分支。市场内部化加强了国家间的经济联系。在跨国企业内部，跨国商品劳务贸易已经高达1.6万亿美元，占据了世界商品与劳务贸易的1/3。同时这种市场的内部化也造成了各国在经济上的相互依赖性日益增长，使得各国在经济事务上必须采取相互合作的态度，这样就很大程度上促进了经济全球化的发展。

（三）中国经济全球化产业结构调整方向

经济全球化是大趋势、大潮流，是不以人的意志为转移的客观事实。中国经济要融入世界经济的主流，要获得大发展，就必须适应这个趋势。但是，经济全球化是一把“双刃剑”，机遇与挑战同在，收益与风险并存。在经济全球化的背景下，一国产业国际竞争力的强弱决定了该国所能获得的利益。如果一国产业拥有强大国际竞争力，就不必惧怕经济全球化的风险。但是，作为一个发展中国家，中国的大多数产业国际竞争力还不够。因此，从一定意义上讲，我们能否抓住经济全球化带来的机遇，取决于中国产业结构调整的状况。于是，现实向我们提出了一个重大问题：在经济全球化背景下，我国产业结构调整的方向将会怎样？

1. 产业结构调整必须以全球资源为基点、以全球市场为导向

经济全球化是各种要素资源在全球范围内的优化配置，是产业结构在全球范围内的调整。因此，中国的产业发展必须树立以全球资源为基点、以全球市场为导向的发展战略，打破传统的本国经济自我循环的狭隘眼界。一方面，中国产业结构调整升级必

须要发挥比较优势，才能体现出中国产业的竞争优势。中国发展竞争优势既能增强中国产业的国际竞争力，也能调整中国产业结构。另一方面，要积极开拓国际市场，更好地利用国外资源。国内供过于求的产业可以积极向海外市场发展，通过开拓海外市场消化过剩的生产能力，或通过海外投资转移国内的生产能力，积极利用国外的资金、技术、人才等资源，提高自身竞争力和发展能力。

美国在 20 世纪 90 年代持续多年快速发展，关键在于产业结构调整。而其产业结构调整能够取得巨大成就，关键在于其产业结构调整不是在国内进行的，而是在全球范围内进行的。首先，通过跨国企业之间的交叉投资、企业并购，在更大规模的基础上优化配置资源、开拓市场、更新技术，实现了信息产业的快速发展，并使之逐步成为国民经济的支柱产业。其次，通过跨国企业对发展中国家的直接投资，继续转移其劳动密集型产业或高新技术产业的劳动密集型环节，充分利用世界各国的比较优势，突出核心业务和核心竞争力。最后，大量吸引外资和外国人才。长期以来，美国一直是世界上吸引外资最多的国家，加上有效的投融资体制，美国企业能够以较低的成本方便地筹集到资金，大大加快了企业的发展。此外，多年来美国充分利用国外信息技术专业人才的智慧和技能，是其在发展信息技术方面独占鳌头的不可忽略的因素。据数据统计，全球现有的 600 万名软件技术人员中有 1/3 在美国。①

中国号召企业“走出去”，实施“走出去”的开放战略，这是产业结构调整的一个大战略，它可以使中国的产业结构调整在全球范围内进行，不受国内市场的限制。

---

① 徐元旦. 中国科技竞争力的国际比较及对策建议 [J]. 中国发展，2005 (3)：54-57.

2. 正确认识比较优势和竞争优势的关系

在经济全球化背景下，一国经济的发展情况与世界各国密切相关，因此，全球资源配置决定了这个国家的产业结构调整方向。国家的产业结构调整方向要充分体现本国产业在全球的比较优势和竞争优势。比较优势充分体现了各国产业的发展潜力，而竞争优势则更看重各国产业发展的现状。比较优势主要考虑一个国家的资源状况及产业发展的条件；而竞争优势则主要看重企业的发展战略。比较优势和竞争优势密切相关。第一，在一国产业发展的对外经济关系中，比较优势和竞争优势会相互作用。即使经济发达国家也不可能在一切产业中都拥有竞争优势，而竞争优势也不能完全消除比较优势。第二，一个具有产业比较优势的国家同时具有较强的产业竞争优势。从这方面来说，两者是完全可以相互转化的。第三，一国产业的比较优势必须通过其竞争优势来表现。也就是说，缺乏国际竞争优势的产业是无法实现其比较优势的。

经济全球化和加入世界贸易组织，对中国民族产业的发展将产生十分复杂和深刻的影响。加入世界贸易组织能拓展国际市场，并实现比较优势。具有很大比较优势的产业能有效进军国际市场，也就是说，不具有竞争优势的产业将面临巨大压力，而竞争优势明显的产业将收获广阔的发展空间。因此，中国加入世界贸易组织对产业发展的影响主要取决于中国各产业的国际竞争优势，要想获得更好的发展就必须在充分发挥比较优势的同时尽快增强各产业的国际竞争优势。

3. 一方面加强与跨国企业的战略合作，另一方面培育中国自己的跨国企业

在经济全球化的背景下，国家竞争力决定了国际产业竞争实力。但是，参与竞争并不是适应经济全球化过程的唯一手段和途径，竞争不排斥合作、分享、联盟等非竞争或超越竞争的关系。

20 世纪 80 年代以来，国际战略联盟大量增加并成为跨国企业普遍运作方式的事实就说明了这一点。

改革开放 40 多年来，中国通过吸引外商直接投资，大大促进了产业发展，提高了产业竞争力。在新的时期，我们要继续发挥外资和跨国企业在产业结构调整中的作用。我们要提高我国产业的质量和竞争力，就必须通过与跨国企业合作来学习国外先进的技术、国际市场营销知识和管理经验，升级与优化中国产业结构；要发挥我们的比较优势，就必须虚心接受跨国企业的全球战略安排，承接跨国企业转移的一般制造业等来增强我国的竞争力，并逐步进入世界新市场。目前，中国比较优势、竞争力较弱的资金密集型产业、技术密集型产业，尤其需要与跨国企业合作，而且要主动出击。与跨国企业的合作方式多种多样，既可以采取合资方式，也可以采取合作方式。合作目标也可以是多元化的，既可以为了弥补资金不足而合作，也可以为了学习对方的先进技术而合作。

在加强与跨国企业战略合作的同时，中国应催生和培育自己的跨国企业，以提高中国的产业国际竞争力。目前，中国已经有自己的跨国企业了，但是数量不多，进入世界 500 强的更是少之又少，而且总体实力不够强。要增强中国产业的国际竞争力，就必须形成一批有国际影响力的大型跨国企业。“走出去”战略的实施将有力地催生和培育中国的跨国企业，提高中国企业在国际上的影响力和地位，进而推动中国产业结构优化升级。

4. 正确处理产业结构调整中政府和企业的关系

中国以往的产业结构调整，基本上是在政府主导下进行的，调整手段基本上是政府对投资项目、投资规模和对国有银行信贷规模进行行政干预和控制，所以其实际效果十分有限。随着市场经济体制的建立，中国新一轮产业结构的调整必须以企业为主体，以市场为基础。其中，尤其要发挥优势企业的带动作用。优势企业是指主业突出、管理水平高、技术领先、竞争力强的大型企业。它们在面向全球市场的产业结构调整中的作用主要体现在以下方面：一是它们可以通过兼并、收购、联合、重组等行为提高产业集中度和产业竞争力；二是在国际市场化进程中，它们发挥了先锋带头作用，尤其是在产品开发、市场开拓、国际营销网络建立等方面可以引领一大批国内企业和产品走向全球；三是在与跨国企业合作吸引外资、国外先进技术、管理经验和培养国际化人才方面起着举足轻重的作用。

由于我国目前的市场发展还不够完善，在市场竞争中的行为还不规范，应积极发挥中央、地方政府的作用。但政府参与产业结构调整的目的是通过法律法规制定、政策引导、信息发布等方式来体现政府的调整意向，并创造出有利于产业结构调整的体制环境、市场环境和法制环境，让企业根据自身状况和竞争形势自主做出决策。因此，我国政府必须依据市场经济的要求，加快转变政府职能，提高管理效率。

二、通过企业国际化经营优化中国产业结构

在经济全球化与中国的产业结构调整面临国际竞争压力和过剩的经济压力的情况下，企业国际化经营是解决中国产业结构调整难题的一个新思路和新途径。调整中国产业结构不仅要充分利用外资，更要大力发展跨国经营产业，并利用产业国外转移来促进产业结构调整。产业结构调整应以企业为主体，以市场为导向，充分利用两种资源、两个市场来提高中国企业在国际经济中的竞争力。

第一，美国经济学家刘易斯·威尔斯（Louis J. Wells）的小规模技术理论认为，企业通过到发展中国家及发达国家进行跨国投资，能让出国内部分市场，留出空间发展国内产业，实现国内产业结构的优化调整。威尔斯的小规模技术理论指出，由于某

些技术达不到大规模生产的要求，有某些需求有限的不具有竞争优势的市场存在，这些小规模市场领域是大企业因竞争劣势而不愿意涉猎的领域。如果中小企业可以开发这种所谓的“小规模技术”，就可以避开与大企业的正面竞争，从而具备对外直接投资的条件。

国内中小民营企业生产成本低是它们的竞争优势，劳动力低廉和资源丰富是低生产成本的主要原因。一是部分民营企业拥有劳动密集型产品的小规模生产技术，这种技术的购买群体是发展中国家以及发达国家的低收入群体。这种有限的市场需求使得大规模生产技术无法从中获得可观的收益，而这个市场恰恰适合中国的中小民营企业，中小民营企业直接到国外投资的同时为国内产业结构升级腾出一定的调整空间。二是应看到国内的中小民营企业在海外华人社会的生产生活中明显的比较优势。改革开放以来，许多中国人移居到海外，再加上以前的华人华侨，构成了一个庞大的华商网络。中小民营企业在海外华侨聚集地的跨国投资是海外华人在餐饮、食品加工、新闻出版等方面需求不断增加的必然结果，这对国内市场竞争压力也有一定的缓解。

第二，中国也有一些处于相对领先水平的国内制造企业。这些企业都处于国内核心技术相对稳定、生产规模较大、市场竞争激烈的行业，如在国际上具有比较优势的家电行业，也是中国对外投资的主要制造业。这类企业对外直接投资的重点是发达国家，其可以从发达国家健全、规范的市场中获得微观企业制度创新与技术创新方面的宝贵经验。并且，中国将在发达国家、地区建立起以传统制造业产品销售中心作为发展重点的研发中心，通过研发与销售环节将新兴产业技术与发达国家的产业链连接在一起，通过产品销售环节将传统制造业与发达国家的市场连接在一起，从而对中国产业结构进行一定程度的升级。

第三，从小岛清的边际产业扩张理论可以看出，中国可以把部分竞争激烈且比较优势不明显的产业转移到国外发展。这些规模不大、科研开发能力不足的产业大多是由以加工组装为主的劳动密集型企业组成，这部分劣势产业应该向外转移到欠发达国家，因为这些国家资源丰富且劳动力成本低廉，然后将生产的产品进口到中国或转销到其他国家。而东道国借助中国的转移技术，使当地劳动密集型产业得到很好的发展，同时增加了出口，并且为当地劳动力提供了诸多的就业机会，这种投资实现了母国和东道国的双赢。从总体上讲，中国的一些无法与发达国家相抗衡的企业，相对于拉丁美洲、非洲及东南亚一些发展中国家的企业还是具有一定的比较优势的，所以中国的中小企业通过对周边国家和非洲、拉丁美洲一些国家进行直接投资能有效地扩大经营规模，并能优化和升级中国的产业结构。

第四，中国一些高科技企业试图通过国际化经营来寻求全球市场的突破，这项策略对部分高新技术产业和新兴产业的发展十分关键，因为可以弥补国内市场需求不足的缺陷。面对全球技术革命飞速发展和知识经济崛起，我国正期待着一批优秀的、有竞争力的新兴产业和高技术产业飞速发展来保持和增强此类产业在全球经济中的竞争实力。这部分优秀产业必须要拥有较高的附加值和技术含量、合理的成本和质量优势。但是许多高新技术产业往往需要进行大量技术研发，在许多生产项目的实施过程中需要巨额投资，如果生产批量太小，根本就不能弥补前期的巨额投资，企业就缺乏投资的积极性。中国国内市场虽然拥有巨大的容量，但是对于部分高新技术产品的需求严重不足，企业必须着眼于全球市场，才能开展大规模生产与经营。诸如中兴、华为等一些高新技术企业，必须通过扩大经营范围，寻求全球市场的发展，推动中国部分高新技术产业以及新兴产业的发展壮大。

第五，中国一些知名企业进入世界知名企业的行列，主要是通过合理的国际化经营，企业的名牌产品逐渐成长为世界级的名牌产品。随着中国经济的飞速发展，一批技术先进、竞争实力雄厚的著名企业已经壮大崛起，一些名牌产品也家喻户晓。但这些著名企业和名牌产品一直都把国内市场作为主要目标，所以国外消费者对其非常陌生。因此，在经济全球化进程中，中国知名企业必须充分把握国际产业结构调整的重大时机，积极进军国际市场，着力培育自己的世界著名品牌，不能仅仅利用别国的著名品牌来壮大自己的产业，而是要把国内大型的知名企业发展成为拥有全球化经营实力的企业群体。当越来越多的中国企业真正成为全球知名企业，当越来越多的国产品牌真正成为世界知名品牌时，中国的经济实力就跃上了一个新台阶，产业结构调整也随之升级到一个更高的水平。

第四章

企业国际化经营与产业组织演化

第一节　企业国际化经营对产业组织演化的影响

企业国际化经营不仅会促进产业结构的演化，还会给产业组织演化带来许多其他的影响。下面分析企业国际化经营对产业组织演化的影响。

一、企业国际化经营与市场集中度

（一）企业国际化经营会促进市场集中度的提高

现如今，企业国际化经营和全球市场正在加速发展，形成了较为明朗的局面。一方面，随着市场规模的扩大，一些规模经济比较显著的行业，其技术规模经济在发展。企业能够利用涉及劳动专业化的大规模生产技术，使用专业化机器和其他资本设备进行专业化管理。由于工厂设备的现代化与机械化，企业生产产品成本下降、产量增幅明显，生产规模不断扩大。这对国内市场比较狭小的企业尤其重要。工厂规模经济的发展，有利于大企业的扩张和产业集中度的提高。另一方面，不仅工厂规模经济在持续发展，而且非生产性的规模经济不容小觑，其中研究与开发、管理、采购、广告与销售、资金筹措等方面的规模经济均发展较好。企业对非生产性规模经济投入了更多的资金，使产业集中度随之提高。值得一提的是相关研究与开发支出变多，使得市场规模扩大，市场结构变得更加集中。

随着企业国际化经营和全球市场逐渐形成，范围经济变得重要起来。企业可以在相关产业、部门中利用多样化生产和销售所带来的范围经济，降低单位产品的研究与开发、生产以及销售的成本，更重要的是企业能够利用在不同国家进行生产和销售所获得的范围经济取得全球竞争优势。企业在多个国家从事生产经营活动，能够按照每一个国家的比较优势完成一种产品不同零部件的生产和装配活动，从而使成本最低并保证较高的质量。此外，经营范围的扩大还可以使企业获得学习效应。企业对范围经济的利用将促进企业进行全球扩张和跨国并购，这将促进产业集中度提高。随着企业国际化经营和市场规模扩大，企业之间的竞争也更加激烈，日益突破国家的界线和壁垒，成为全球化竞争。一方面，这会促进企业的全球扩张和跨国并购，淘汰无效率的小企业，带来更大的企业规模和更高的市场集中度；另一方面，企业特别是国内企业，为了增强竞争力，避免被其他企业特别是国外大的跨国企业所兼并，也会主动联合起来或进行并购，这也将提高市场集中度。

（二）企业国际化经营会使产业集中度下降

随着企业国际化经营的发展，企业规模逐渐扩大、市场结构趋于集中，但也存在导致产业集中度下降的一些因素。

首先，企业国际化经营和企业之间的全球竞争会促进国际分工和专业化的进一步发展，而专业化企业的出现又会降低企业的平均规模和市场集中度。其次，企业国际化经营以及由此引起的技术革新会对市场结构产生影响。很多产业的技术变化方向和技术变化率通常是决定市场结构的重要因素。以计算机辅助设计和计算机辅助制造等技术革新为基础，以满足消费者多品种、小批量需求为特征的柔性生产方式的产生和发展，就对企业经营和企业组织结构，以及市场结构产生了深远的影响。柔性生产方式以一小组机器所构成的工厂为一个制造单元，该制造单元完成整个制造过程。制造单元具有高度的灵活性和可靠性，很容易转产新产品，所需要的经常性费用也很低。它们降低了生产、经营的最低有效规模，同时通过使用标准化的计算机辅助设计提高了设计和制造之间通信联系的标准化程度，降低了将工程设计和大规模制造联系在一起的必要性。这两个因素合在一起，大大降低了制造中的规模经济份额，减少了参与制造所需要的资本量，降低了企业的准入门槛。随着准入门槛的降低，一方面，更多的新企业可以进入这些产业进行生产和制造；另一方面，灵活制造削弱了大企业的竞争优势。所有这些都会导致市场结构分散。最后，企业国际化经营和全球市场的逐渐形成，还有可能引起某些产业和产品市场规模的大幅度扩张，导致新企业进入、原有企业市场份额下降，以及产业集中度下降。

二、企业国际化经营与规模经济

随着生产和经营规模的扩大，成本下降、收益递增。从微观经济的角度看，规模经济主要是通过企业并购这种资本集中的方式来实现的。关于企业并购动机的观点很多，诸如外部优势论、协同效应论、大企业技术创新论等。但如果撇开资本收益最大化和企业家个人收益最大化这些根本动因，就各种具体动因来看，规模经济是企业并购的最基本动因。有西方学者认为，追求规模经济效应是并购的重要动机，远远压倒了垄断动机。不论是从事单一产品生产的工厂制企业，还是从事不同产品（包含多个单一产品）生产的现代公司制企业，企业间的并购、整合都有可能促进企业生产经营规模的扩大，并由此带来规模效益，形成规模经济。

实际上，企业并购能够形成规模经济的原因在于市场的不完全性及企业的性质。市场的不完全性是指市场失灵，以及由于某些行业的特殊性质或垄断势力的存在，导致市场交易成本增加。市场失灵导致企业无法利用外部市场来有效地协调其经营活动，由此导致企业将市场交易活动内部化，形成企业内部市场，依靠企业管理手段来协调企业内部的资源配置与产品交换，避免外部市场不完全性对企业经营活动的影响。企业通过并购实现外部交易的内部化，当由此而引起的企业内部管理成本的增长小于在市场上进行相同交易的成本时，规模经济效益就会体现出来。

当然，规模经济的具体实现形式是多种多样的。横向并购可以对企业资产进行补充、调整，达到最佳规模经济要求，也可以扩大生产规模，实现大量专业化生产，降低成本。纵向并购通过相继生产阶段企业的联合，可以有效地解决专业化分工引起的生产流程分离，将其纳入统一管理，减少生产过程中的各种损耗和时间浪费，提高生产效率。在现代市场经济条件下，实现规模经济离不开企业并购这种资本集中的有效手段，但是企业并购可能实现规模经济，也有可能导致规模不经济。

三、企业国际化经营与进入壁垒

随着企业国际化经营的迅速发展和全球市场的逐渐形成，市场进入壁垒有逐渐提高的趋势。一方面，市场规模不断扩大，在技术规模经济比较显著的行业，原有企业越来越能够按照经济规模进行生产。同时，随着市场规模的扩大，研究与开发、管理、采购、销售、资金筹措等非生产性的规模经济也越来越大，企业为了获得这种规模经济，必然不断扩大经营规模，这将导致比技术上所要求的更大的企业规模。企业规模的扩大，对新企业来说必然导致进入壁垒。如果以较小的规模进行生产经营，费用必然较高，单位产品的成本就会上升，在市场上将缺乏竞争力；如果一开始就按照经济规模进行生产和经营，由于初期难以获得与生产规模相适应的市场份额，开工率低，也会产生较高的生产成本，同样难以进入市场，还会导致亏损。规模经济所导致的企业规模越大，新企业的进入壁垒就越高。另一方面，随着企业活动在全球的扩张，企业所能利用的范围经济也在逐渐增加。企业不仅能够利用在不同产业和部门进行多样化生产和经营的范围经济，而且能够利用全球分工和多个国家的比较优势，降低生产和经营成本，提高国际竞争力，这将对新企业产生更高的进入壁垒。同时，计算机和通信技术的发展与融合，以及企业内部组织的变化将降低大企业进行全球经营和管理的成本，提高管理效率，这将有助于增强大企业的竞争优势，相应地也会提高新企业的进入壁垒。

随着企业国际化经营和全球市场的发展，以及技术的变化，也存在一些降低进入壁垒的因素。一方面，企业国际化经营将进一步促进全球分工和专业化发展，而专业化企业的产生和发展会降低企业规模和进入壁垒；另一方面，柔性生产方式的产生和发展，以及计算机辅助设计和计算机辅助制造技术的发展，降低了生产经营规模和相应的费用，提高了产品设计和制造之间的标准化程度，降低了工程设计与大规模制造联系在一起的必要性，这两方面的因素相加，大大削弱了制造中的规模经济，降低了参与生产经营所需要的资本量，从而降低了企业的进入壁垒。

四、企业国际化经营与内部专业化分工

现代企业以企业机制替代世界市场的成果便是跨国企业，这也是跨国企业产生的直接原因。经典的跨国企业理论是从企业的内部分工和协作来解释企业国际化经营的内部化理论。

生产活动横向结合和纵向结合并加以延伸，在组织形态上逐渐发展起来，便是企业市场交易内部化的体现。那么，何为横向，何为纵向？横向就是将多个单一、重复的个人或家族企业合并为一个大型的全国性的企业，该企业会从多个方面将生产管理等加以集中，便于实施进一步整合。纵向就是选取某个单一、重复的个人或家族企业，在原有基础之上进行改造升级，并加大投资力度，使其进入全国性或世界性的销售网络以及广泛的采购组织，并取得自己的原料来源和运输设备。

（一）交易费用和内部化

市场交易制度被企业制度所代替，主要原因是在交易费用存在的情况下，企业的效率是高于市场的。在这里的交易费用是指为了交易活动而付出的成本及其代价的总和。

企业制度的效率提升原因有很多，如消除了因所有权独立造成的利益对立，从而降低了交易过程中因所有权交换引起的摩擦，降低了信息在企业内部传递过程中的不确定性；提高了企业应变、决策的能力，从而减少了因市场交易波动或中断造成的损失；在企业内部，对企业拥有的核心技术有良好的应用能力和保护能力。综合上述原因，在市场急剧扩大、专业化分工迅速发展或出现技术变革的行业中，当传统的市场机制和交易制度跟不上现代企业的需要时，便要建立或选择新的企业制度，促进市场发展。

跨国企业在参与世界市场分工时存在外部市场交易成本高、效率低的情况，此时，以内部化手段取代外部市场交易进入新的

行业或区域空间是很好的手段。在一些市场发育程度与交易成本普遍较高的国家，其跨国企业在组织形态和内部管理方面同样存在较高的完整度。在现代企业发展中，跨国企业渐渐成为一种全球现象。各国的跨国企业为保证其在东道国的市场优势，会调整经营活动，保持合适的横向、纵向相结合的结构分工，建立相应的全球组织体系。在此阶段，跨国企业作为一种国际生产组织构架安排趋于成型，成为适应当代市场分工与交易的有效组织形式。

（二）企业国际化经营和内部化

跨国企业开始进行对外直接投资，提升国际分工以及生产专业化程度，以从全球战略目标出发，遵循最低生产成本和最高经济效益的经营原则，逐步扩大横向和纵向相结合的跨国分工，合理分配资源，并使用现代化生产设备，扩大生产规模和覆盖地区。跨国企业内部实行横向和纵向分工，母公司、子公司以及国内的其他竞争企业可以从事不同业务，制造不同的产品，但这些行业和产品与企业业务、生产关系互为关联。这样做，有助于提高国内整个行业的市场竞争。

现如今，全球网络的建立和完善，使得跨国企业的生产、销售以及产品开发能力显著提高，竞争力也随之提升。为了提高国内国外市场占有率，跨国企业必然会强化对国内同行业的影响力和控制力，如实行兼并。如此一来，国内同行业企业之间又会形成联盟，用于对抗竞争者想要占领市场的野心和行动。国内企业一方面将尽快提升自身在行业内的研发、生产和销售能力，拥有竞争实力；另一方面将尽快与同行业的领导者联合起来或组成联盟，用于保持或扩大自己在本地市场的话语权。

五、企业国际化经营与技术发展

科学技术是第一生产力，当代科学技术的飞速发展推动了社会经济的长足进步。在全球经济一体化的背景下，科学技术日益超越国界，从一国向另一国、从一个行业向另一个行业传递。跨国企业全球并购战略加速了这一进程，既推动了科技进步，也加快了科技成果的传播速度，这对东道国与母国的经济发展都产生了深刻的影响。

现代科技的发展使得很多中小企业能够依靠某项专门的技术或在特殊领域的局部优势在竞争中立于不败之地，甚至能够与大型企业相抗衡。在跨国并购中，很多并购方的核心目的就在于获取被并购方的某些技术，将被并购方的技术纳入自身技术体系，从而整合某一行业或技术领域的科技力量，形成新的技术竞争优势。在这方面的典型例子就是美国的思科公司（Cisco）。思科公司主要是靠并购的方式，将众多具有局部技术优势的科技型中小企业纳入自己麾下，经过有效整合后，形成了强大的竞争力。有效并购使得思科公司快速成长，在很多信息技术领域处于优势地位。思科公司曾一度超过微软，成为纳斯达克市场市值最大的科技企业。

以获取被并购方技术优势为目的的跨国并购在总体上看是有利于东道国技术进步的。跨国企业在对东道国企业进行并购后，需要对企业进行整合，将被并购方的技术纳入整个技术体系，并在下一步的研发中，根据某一领域的技术发展趋势进行合理的统筹安排，甚至进行大量的研发经费投入，以保持技术优势，这也是跨国企业研发中心向东道国扩展的主要形式。因此，跨国企业的这种研发扩散将有利于被并购方的技术进步，对东道国的技术进步也是有益的。

跨国企业是技术能力的主要持有者和技术发明的领头羊。在当今世界经济中，为了保持和增强自己的竞争力，跨国企业利用东道国现有的科技能力，利用不同国家的研发成本差异，获得研发规模经济和范围经济效益。跨国企业将研发活动分散开来所带来的好处越来越大。研发分散化意味着跨国企业将自己的发明能力与东道国的技术力量结合在一起，创造了更多的技术，增强了自己的竞争优势。当然，这类并购有时也有值得关注的缺陷。由于跨国并购方是从自身利益出发的，有时也会牺牲被并购方的利益，在获得被并购方的技术后，对其投入减少而导致被并购方丧失技术优势。另外，在东道国建立研发中心，就无异于跨国企业把东道国智力资源抢走了，这些无疑都不利于东道国企业竞争力的进一步提高，对东道国技术进步亦会产生一定的副作用。但这在以获取技术优势为目的的跨国并购中并非主流。

此外，在跨国并购中，一个突出的特征是技术优势互补型的强强联合式巨型跨国并购增多，在电信、医药、运输等很多行业都出现了巨型并购。诸如，波音公司和麦克唐纳-道格拉斯公司的合并，沃达丰公司和 Air Touch Communications（空中联系通信公司）的合并等，这些进行巨型并购的企业基本上都是势均力敌的。驱使这些企业进行大规模跨国并购的根本原因就是实现技术优势的互补，谋求“1＋1＞2”的技术协同。在这类巨型跨国并购中，如果两个企业能够有效整合，对并购方和被并购方（或者说合并双方）都是非常有利的，当然也有利于东道国和母国在该领域的技术进步。

六、企业国际化经营与产品差异化

随着企业国际化经营的快速发展，全球竞争日益加剧。企业之间除了进行价格竞争外，还越来越多地运用各种非价格手段进行激烈的竞争。企业的基本竞争战略之一就是产品差异战略。企业实施产品差异战略就是标新立异，使企业提供的产品或服务在本行业中具有独特性。实施产品差异战略有很多方式，如独特的设计，或在品牌形象、技术特点、外观特点、客户服务、经销网络等方面表现出独特性。形成产品差异的途径主要有两种：一是通过企业的研究、开发和创新活动，开发新产品，或采用新生产技术提高产品的质量和性能，形成产品差异。由此形成的产品差异主要是产品物理性能的差异，产品的变化包括创新型变化，即推出原理和性能完全不同的新产品，也包括改良型变化，即改变产品的外观、色彩或增加附加功能。二是通过企业的广告宣传和销售服务活动，形成产品差异。这种差异主要是与消费者的主观感受相联系的，包括仅仅由于广告宣传所形成的差异，也包括企业在运输、安装调试、维修以及人员培训等方面所提供的服务形成的差异。由此形成的产品差异是生产活动在流通领域的延伸。随着全球竞争的加剧，这两种途径的竞争都越来越激烈。当然，不同的行业由于产品特点的差异，侧重点也不同。这种竞争必然导致产品质量和性能不断提高、产品设计独特性增加、产品品种不断丰富、产品售后服务不断完善以及产品更新速度不断加快。

第二节　中国产业组织现状分析

一、产业组织演化的规律

产业组织是指在社会化生产条件下，企业之间市场关系的总和。要想全方位地刻画特定的产业组织，必须引进两个基本变量：产业集中度与产业关联度。

（一）产业集中度

产业集中度主要反映在生产同类产品（或者具有密切替代关系的产品）的产业部门中，厂商之间相对规模的分布程度。衡量产业集中度的数量指标有绝对集中度和相对集中度两种。

绝对集中度是指在特定产业中占据市场份额最大的若干家企业市场占有率的总和，用数学公式表示为：

$$C_k = \sum_{i=1}^{k} S_i \qquad \text{式（4-1）}$$

其中 C_k 为特定产业前几位厂商的绝对集中度，S_i 为前 i 位厂商的市场占有率，k 为产业前几位厂商数。

绝对集中度虽然计算比较简便，但是它只考虑了前几位企业的集中状况，没有考虑全部企业的规模分布。为了避免这个缺陷，赫芬达尔-赫希曼指数（HHI）得以广泛应用，其又被称为相对集中度指数，是指特定产业全部厂商市场占有率的平方和，即：

$$HHI = \sum_{i=1}^{N} S_i \qquad \text{式（4-2）}$$

其中 S_i 表示第 i 家厂商市场占有率，N 为特定产业全部厂商数。

HHI 在 1 与 0 之间，当 $HHI=1$ 时，意味着市场由单独企业垄断，当 HHI 趋近于 0 时，则意味着该产业厂商无数，且规模小，分布极为均衡。而在这两极之间，意味着厂商的规模分布存在着不同程度的不均衡性，而且 HHI 越是接近于 1，不均衡性的程度就越高。如果市场份额按照百分比值计算，则 HHI 范围在 0 到 10000。赫芬达尔-赫希曼指数给每个企业的市场份额一个权数，这个权数就是市场份额本身。如果一个企业的市场份额为 20%，那么它对 HHI 的贡献为 400。如果一个企业的市场份额为 60%，那么该企业对 HHI 的贡献为 3600。因此，HHI 对规模较大的前几家企业市场份额比重的变化特别敏感。

产业集中度是一国产业组织的重要变量，它反映了该国市场竞争结构的基本状况。如著名的蓝契斯特法则就是把前四位厂商的市场占有率作为划分竞争结构的主要依据。其认为，市场占有率在 41.7%以下为相对安全值，市场占有率大于上限目标值 73.88%是企业独占的前提条件，而市场占有率小于下限目标

26.12%是所谓的劣质条件。

（二）产业关联度

从技术方面考察，产业关联度主要是指企业之间的投入与产出关系。从经济形式考察，产业关联分为市场性关联和组织性关联两种。前者是指企业之间通过市场交易关系而实现的经济联系，而后者是指企业之间通过某种组织形式（如非正式经济合作和正式经济合作、参股参与和控股参与等）所建立的更具稳定性的经济联系。它兼有市场交易和组织协调叠加的双重关系和行为（见图 4-1）。

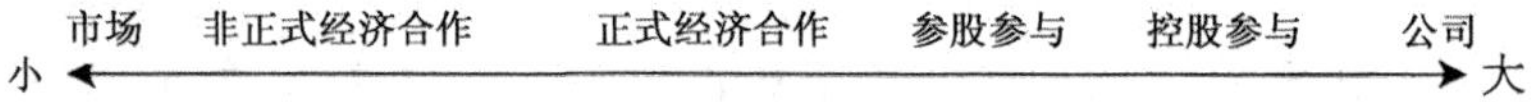

图 4-1　产业关联组织程度

在组织性关联企业之间，从每一笔交易看，可能都具有不完全的等价交换性质，交易双方的利益均衡往往是通过极为复杂的长期交易的平均数来实现的。对于产业组织而言，组织性产业关联度是反映其演进函数的重要变量，所以产业关联度是用组织性关联度来表示的。其可用一组比率指标来反映，如参与组织性关联的企业数量占该产业全部企业数量的比例，参与组织性关联的企业销售收入占该产业全部企业销售收入的比例，参与组织性关联的企业固定资产占该产业全部企业固定资产的比例等。

（三）产业组织演化的规律

产业组织作为产业集中度和产业关联度二元变量的函数，随着这两个变量的不同变化和多样化组合，构成纷繁复杂的具体形态。但从理论高度分析，可以抽象地把产业集中度和产业关联度划分为高与低这两个层次，它们之间的不同组合，构成四类基本的产业组织模式（见表 4-1）。

表 4-1 基本的产业组织模式

产业组织模式	Ⅰ	Ⅱ	Ⅲ	Ⅳ
产业集中度	低	高	高	低
产业关联度	低	低	高	高

表 4-1 列示的四种产业组织模式，基本上勾勒出了产业组织演变的递进轨迹，它是与现代产业结构成长相互影响、相互促进的。

从发达国家的工业化道路来看，产业结构成长趋势是由第一产业逐渐向第二产业、第三产业演进，由轻纺工业向重化工业、高加工度重化工业演进，由劳动密集型产业向资金密集型产业、技术密集型产业演进。产业结构成长与产业组织演进关系如表 4-2 所示。

表 4-2 产业结构成长与产业组织演进关系

阶段	轻纺工业阶段	重化工业阶段	高加工度化阶段	技术密集化阶段
产业组织模式	Ⅰ	Ⅱ	Ⅲ	Ⅳ

Ⅰ类产业组织模式的特征为低产业集中度和低产业关联度。Ⅰ类产业组织模式与轻纺工业阶段相适应，是一种典型的传统模式。轻纺工业阶段的技术比较落后，市场容量有限，企业规模较小，最基本的生产单位是数量众多的小型企业。与此同时，当时产业组织的基本特征为离散型、小规模、封闭性生产，这是因为当时生产工序简单，交通不便，通信工具落后，市场为地方割据，交易费用高，社会分工合作体系差。

Ⅱ类产业组织模式的特点为高产业集中度和低产业关联度。Ⅱ类产业组织模式与重化工业阶段相适应，是一种典型的现代装置型产业模式，以石油开采、石油化工、冶金、电力能源等现代装置型产业为主导。在现代装置型产业中，由于使用了高参数的大型设备，要求实现大规模生产；由于原材料的均质性和专用性，要求生产工艺高度流程化、连续化，进而适应原材料的采掘阶段、加工阶段及产品制造阶段，将它们纳入同一企业进行管理，这样有利于减少交易摩擦，节省运输成本。

Ⅲ类产业组织模式的特点为高产业集中度和高产业关联度。Ⅲ类产业组织模式与高加工度化阶段相适应，是一种典型的现代装配型产业组织模式，以汽车、机械制造为主导。在高加工度化产业中，依靠生产线自动化和连续化整机及组装，企业实现了大规模生产，在激烈的市场竞争过程中，使生产不断集中，满足了日益扩大的市场需要。与此同时，由于产品深度加工的链条不断延长，零部件的品种和数量逐渐增长，社会分工逐渐深化，产品关联度不断提高。中小企业的迅速发展与大企业扩张并行不悖，它们通过层层承包的方式为大企业提供零配件及工艺加工，形成了一种金字塔型的专业化协作体系，从市场交易向正式合约、企业联合和集团的方向发展。1945 年以后，日本产业组织模式由Ⅱ类向Ⅲ类转换。1955—1965 年，日本处于重化工业阶段，市场集中度提高是产业组织的主要特征，企业内部分工是产业分工的主体，中小企业所占比重全面下降。在重化工业中，小滨裕久的《异常巨大的产业——化学工业》显示，中小企业的比重在 1955—1965 年下降了 4.3%。1965 年以后，日本产业进入了高加工度化阶段，主要以汽车、家用电器为主导，中小企业的绝对数与相对数不断增大，同时，大企业与中小企业之间的产业关联度不断提高。

Ⅳ类产业组织模式的特点为低产业集中度和高产业关联度。Ⅳ类产业组织模式与技术密集化阶段相适应，是一种高技术产业。虽然Ⅳ类产业组织模式在现实生活中还未占据主导地位，但是随着信息社会的到来及高新技术的迅猛发展，Ⅳ类产业组织模式在产业组织演进中的影响越来越重要。一方面，由于科学技术的发展，生产要素加工不断深化，投入产出链条不断延长，产业关联度不断提高；另一方面，由于社会需求日益向个性化、多变性和多样性发展，市场扰动因素严重影响了企业的大规模生产，为企业的市场稳定性和控制力带来了严重的打击，使得新的生产体制又重新回到了“规模小、批量小”的定制生产阶段。当然，这是一种以信息网络技术为基础，以现代信用制度为纽带的虚拟企业组织模式，不是对以往工场手工业的简单重复。Ⅳ类产业组织模式能适应上述新的发展形势，积极影响将日渐增长。

通过上述分析我们可以看出，产业结构高度化与产业组织高级化的关系具有内在统一性，相互联系，相互促进，相互制约，互为条件，同步成长。而企业在走向国际化的过程中，不仅通过资本的产业流向，直接影响东道国与母国的产业结构，还通过产业组织的效应，间接地影响东道国与母国产业结构的演变。

二、中国产业组织现状的一般性描述

随着我国经济体制改革的不断深入，市场化程度的逐步提高，我国的经济实力不断增强，我国工业化进入了快速推进时期，市场结构经过逆集中化和低水平徘徊后，进入了缓慢提升阶段，变化轨迹呈现 U 形。但是，就目前情况来看，我国产业组织结构还处于一种不合理的状态，有一些亟须解决的问题。例如，竞争性行业中的过度竞争问题，垄断行业中的行政性垄断问题。以上两种问题已经严重制约了我国经济的持续健康发展及产业竞争力的提高。从根本上讲，过度竞争并不是竞争本身带来的，而是由竞争不足引起的。借鉴国际经验，结合我国具体实际进行体制创新，以企业走向国际化为手段再造中国的产业组织，充分发挥跨国企业在产业组织优化中的积极作用，形成有效竞争的产业格局，应是我国未来产业组织优化的发展方向。

（一）中国产业组织结构过度分散，产业集中度低

中国主要行业的集中度一般都很低，而只有烟草加工业和石

油加工、石油和天然气开采业及炼焦业除外。经验表明，汽车制造、石油化工、钢铁、电子、机械等产业都是规模经济效应较高的产业，行业集中度较高。以汽车工业为例，仅世界10家汽车企业就集中了全球汽车产量的80%，而中国的汽车产量在全球汽车产量中的占比远低于这一比例。

（二）行政垄断与过度竞争并存

随着我国经济体制的不断改革及对外开放的不断深入，行政垄断有所削弱。行政垄断方式由原先的全面、绝对垄断所有经济活动，逐步向只对若干产业或产品进行垄断控制，对局部产品市场进行垄断和设置行政性壁垒转变。我国还尚未建成完全意义上统一的市场体系，各个地区，尤其是各省市之间许多商品的市场交易仍受到行政干预。重点是一些重要原材料，各地政府从当地利益出发，大力扶持当地新建的企业，并通过行政手段，设置市场壁垒。与行政垄断相对应，许多行业出现了过度竞争和生产能力过剩的状况。过度竞争还表现为重复生产、重复建设、相互压价、多头出口。

（三）对垄断性行业缺乏有效的规制

在一些市场经济国家，为了保护公众的利益，政府对某些公共基础设施领域，尤其是具有自然垄断性的网络行业，制定了专门的规制，以此来约束垄断经营者的行为。在我国，这些行业并没有专门的规制，因为全民所有制形式及指令性价格代替了政府规制。在过去，我国大部分的公共基础设施行业都是由政企合一的单位独家经营，政府通过国有化来控制这类行业，通过指令性价格来保证公众的利益。但这种方式即使是在传统的计划经济体制下也不能达到预期的效果，低价政策可能会造成资源短缺，高收费可能会损害公众利益。当前，政企分开逐步深化，投资主体逐步多元化，无规制制约的垄断经营不利于引入竞争，不利于维护公众利益。

（四）产业国际竞争力差

经过改革开放40多年的发展，中国大型企业的产业竞争力已有很大提升，但与全球大企业相比，仍存在较大差距。以汽车产业为例，从全球来看，中国前几名的汽车企业的规模很小，即使把中国前三名的汽车企业组成一个实体，其规模也只能算是中等规模，单位产量价值与全球大企业相比仍较低。从研发费用方面来看，我国的主要汽车企业与全球大企业相比也较为落后，它们既缺乏资金去开发新型汽车，也缺乏资金去开发现代化信息技术系统。现代化信息技术系统是联系供应商与核心装配厂的纽带。从营销与品牌开发方面来看，我国的汽车制造商缺乏出口竞争力。

第三节　跨国并购与跨国战略联盟：中国产业组织优化的手段

一、中国产业组织结构面临经济全球化挑战

“2019年中国企业500强排行榜”显示，2019年，我国企业前500强的平均利润不到36亿美元，大概是美国企业平均利润70亿美元的一半，也低于全球500强企业的平均利润41亿美元。

从上述财务指标的巨大差距中我们可以看出，中国企业的竞争力不如美国企业。从宏观层面上看，我国的产业组织结构还没有随时根据经济全球化的情况进行调整，全球范围内的产业组织结构正发生着深刻转型是我国企业竞争力差的原因。由于经济全球化，企业的生产活动要在全球范围内开展，产业链各个环节不断延伸，每一个环节的生产活动都可以到最适合的地区去进行。

第一，企业将非核心业务生产活动向成本较为低廉的地区转移或进行虚拟生产，企业只需将资源集中起来发展不可复制的核心业务。例如，企业发挥自己独特的服务能力、研发设计能力、生产制造能力或信息处理能力。第二，由于产业链的各个环节竞争力逐渐增大，企业将重点放在扩张它们最具竞争力的业务领域。目前，在世界范围内，在一些重要产业和领域存在着并购现象，主要是企业为了进一步巩固具有特定优势的产业链环节，把那些不具备特定竞争优势的产业链上的其他环节的业务分离出去，最终导致企业内部产业链垂直一体化，各个环节生产活动的价值回报逐步减少，而从事专业化及规模化生产活动的价值回报则逐步增加。跨国企业将风险大且收益小的生产环节转移到第三方，利用它们自身的无形资产或专利、技术，组织、协调其他环节的生产活动，施加影响并加以控制。

目前我国的产业组织结构从整体上看仍然表现为：企业内部产业链垂直一体化；产业链各个环节在空间上相对集中。与国外企业相比，我国企业更加趋向于涉足多个产业领域。在中国2001年加入世界贸易组织之际，世界银行公布了一份中国企业国际化经营现状与前景调查报告。该报告对北京、上海、广州、天津、成都5个城市的1500家企业进行了调查，它们基本代表了我国当时的知识密集型产业部门、技术密集型产业部门和国际化程度较高的产业部门。从企业与产业链的上下游各环节的连接关系上看，1500家企业趋向于在地理位置上相对聚集的产业链网络中。数据显示，企业与它们的上下游企业位于同一城市的超过50%，供应商位于中国境内的约75%，位于海外的约为15%。特别要强调的是，在地理位置上，这些聚集的企业并不是以产业集群的形式出现。

这种产业组织结构也有不利因素。一是由于地理空间的限制，在选择供应商时，其所处的地理位置距离企业的远近程度是一个重要的考虑因素。二是产业链企业内部的垂直一体化限制了企业的专业化生产能力，束缚了企业专业化规模扩张能力。没有专业化生产能力和专业化规模扩张能力，企业一味地降低产品价格，不能为高端的客户提供高端的产品和服务。企业如果不与一流供应商或高端的客户建立起合作关系，那么，企业的国际竞争力就很难获得提高。

在经济全球化背景下，我国的产业组织结构面临着前所未有的挑战。制度性因素是影响我国产业组织结构的深层次因素，主要表现在以下几个方面：其一，政府对异常的市场行为及地方保护主义的干预还有待提高；其二，经济法制和司法体系建设相对滞后；其三，市场经济的信用环境状况较差；其四，金融体系不能完善地解决中小企业融资难问题。上述内容使得企业外部交易的不确定性、风险和成本增大，企业为了降低交易风险和成本，采用内部产业链垂直一体化。在地理空间上，产业链各个环节的企业相对集中有利于各方互相监控，降低交易的不确定性和风险。由于外部融资难，企业只能依靠自身资金积累，企业的发展与扩张进行得非常缓慢。要想从根本上转变我国产业组织结构的现状，一方面，要从改变外部制度环境来着手；另一方面，由于经济全球化，全球范围内呈现出“企业回归主业，突出核心竞争力”的战略转移趋势，企业不能在产业链的所有环节中都具有竞争优势，为了提高竞争力，企业就必须保持和强化核心业务，保留最关键的核心业务环节。对于大部分中国企业来讲，与世界接轨，应该集中精力和资源发展企业最具竞争力的产业链环节。要坚持专业化发展，提高专业化生产能力，强化专长，不断推动价值链升级，塑造企业的长期竞争优势，提高企业国际竞争力。

经济全球化和全球市场的逐渐形成，使企业的竞争范围发生了重大变化。企业的竞争范围由国内市场和一系列分散的国外市场所构成的国际市场，扩大到统一的全球市场。与此相适应，竞争的性质和企业的竞争战略也发生了重大变化。所有的生产者，无论是国内生产者，还是国外生产者，都认识到了由于全球市场的形成，国内竞争和国际竞争日益为统一的全球竞争所代替。企业必须以全球市场而不是以一国市场为基础来实现利润的最大化。企业的发展战略也从简单以出口为基础的战略，逐渐演变为对外直接投资和多国战略，最终发展为复杂的全球战略，利用全球资源和技术参与竞争，实现全球范围的最佳资源配置。

所有这些都对产业组织产生了深远的影响。而跨国并购与跨国战略联盟是经济全球化背景下的新形式，中国企业应积极通过跨国并购与跨国战略联盟来优化国内产业组织结构，进而提高全球竞争优势。

二、跨国并购：中国产业组织优化手段之一

（一）跨国并购的内涵

跨国并购是在国内企业并购的基础上发展起来的，是国内企业并购的延伸。在国内市场上，企业并购是指两个或两个以上的企业在一个所有者或控制者下的结合，包括兼并和收购两种方式。

企业兼并是指两家或两家以上的企业合并为一家企业的过程。通常是一家企业吸收另一家或更多的企业。

企业收购是指一家企业通过某种方式取得另一家企业的大部分资产或股份，从而取得另一家企业控制权的交易行为。其中，取得另一家企业控制权的企业被称为收购企业，而另一家企业被称为目标企业。

就国内市场而言，兼并与收购的经济意义是一致的。兼并与收购都使企业产权和经营管理权控制在一个法人手中，它们都使市场力量和市场结构发生了变化。正因如此，西方国家通常将兼并与收购连在一起，统称为并购，通常简称为M&A。

跨国并购是指某一国家的企业通过某种方式对另一个国家的企业进行兼并和收购。

尽管从表面上看，跨国并购（Cross-border M&A）包括跨国兼并和跨国收购两种情况，但实际上，跨国并购主要是为了改变企业的产权与经营管理权，不是为了改变目标企业的法人地位，所以，跨国并购主要是指跨国收购。

（二）跨国并购的类型

从跨国并购功能或从跨国并购涉及的产业组织特征方面看，跨国并购分为横向跨国并购、纵向跨国并购和混合跨国并购三种类型。

横向跨国并购是指在跨国范围内同一种行业的竞争企业之间的并购。其基本特征为在国际范围内企业横向一体化。随着全球性的行业重组，各国行业管制的放松，横向跨国并购迅猛发展。

纵向跨国并购是指在跨国范围内同一产业的上、下游企业之间的并购。纵向跨国并购企业之间不是竞争关系，而是一种供应商与需求商之间的关系。所以，纵向跨国并购的基本特征为在国际范围内的企业纵向一体化。

混合跨国并购是在跨国范围内不同行业企业之间的并购。从理论上讲，混合跨国并购是为了分散风险，寻求范围经济。

从全球跨国并购的发展历程来看，横向跨国并购、纵向跨国并购和混合跨国并购所占的比重不断发生变化。从 20 世纪 80 年代、90 年代来看，横向跨国并购在全部跨国并购交易中的地位比较突出。

从并购是否要经过第三方上看，跨国并购分为直接跨国并购和间接跨国并购两种类型。

直接跨国并购的过程是由跨国并购方直接向东道国的目标企业提出资产或所有权购买要求，通过双方进行磋商，制定收购要求，并在满足收购要求的情况下进行收购。直接跨国并购分为前向和后向两个方式。前向跨国并购是指目标企业被跨国收购方（收购方为存续企业）并购后，目标企业不再存在法人地位，跨国收购方承担目标企业的资产和负债。后向跨国并购与前向跨国并购相反，目标企业是存续企业，收购者消失，但是这种并购方式在跨国并购中并不常见。

间接跨国并购是指跨国并购方设立一个新的全资子公司（或控股子公司），由这个新建的子公司对目标企业进行并购，这种方式也称三角并购。在间接跨国并购中，跨国并购方（母公司）不是目标企业的直接股东，跨国并购方负责收购的子公司是目标企业的直接股东，所以，这个公司承担被并购企业的资产和负债。因为跨国并购涉及经济、政治、社会等各个因素，所以，间接跨国并购在跨国并购中使用的情况也不在少数。

（三）跨国并购的微观经济动因与效应

从微观方面来看，可以从节约交易费用、扩张市场势力、合理避税、追求规模经济等方面找到跨国并购的直接动因。其中，节约交易费用、扩张市场势力和追求规模经济极具吸引力。通常认为，以上三种好处，特别是后两种好处，是众多跨国并购的直接原因。

可以将并购企业的自身规模经济利益与扩张市场势力利益综合考虑，因为上述利益往往是联系在一起的。将这两种利益统筹考虑，可以用以下模型来说明。

若一个跨国市场中有企业 1、企业 2 两家企业，它们的产量分别为 q_1、q_2，且满足条件 $q_1 \geqslant 0$，$q_2 \geqslant 0$；成本函数分别为 $C_1(q_1)=q_1c$、$C_2(q_2)=q_2c$，且 $c>0$；逆需求函数 $P=P(q_1+q_2)=a-(q_1+q_2)$。在这些假定条件下，企业 1 的利润函数为：

$$\pi_1=q_1P-C_1(q_1)=q_1[a-(q_1+q_2)]-q_1c \quad \text{式 (4-3)}$$

式中，π 为利润，q 为企业产量，a 为该商品在市场上接受的价格上限，P 为价格，c 为平均成本，C 为成本。

对式（4-3）求导，可得企业 1 利润最大化的一阶条件：

$$\frac{\partial \pi_1}{\partial q_1}=a-(q_1+q_2)-q_1-c=0 \qquad 式（4-4）$$

同理，企业 2 利润最大化的一阶条件为：

$$\frac{\partial \pi_2}{\partial q_2}=a-(q_1+q_2)-q_2-c=0 \qquad 式（4-5）$$

联立式（4-4）、式（4-5），可以得到古诺-纳什均衡：

$$q_1^*=q_2^*=\frac{1}{3}(a-c) \qquad 式（4-6）$$

这样，企业 1 与企业 2 的古诺-纳什均衡利润分别为：

$$\pi_1(q_1^*,\ q_2^*)=\pi_2(q_1^*,\ q_2^*)=\frac{1}{9}(a-c)^2 \qquad 式（4-7）$$

若企业 1 与企业 2 并购，组成企业 3，那么这个市场只有一个企业，其成为此市场的垄断者。设企业 3 的产量为 q_3（$q_3\geqslant 0$），成本函数 $C_3(q_3)=q_3c'$，并且我们假定 $0<c'<c$，逆需求函数为 $P'=P'(q_3)=a-q_3$。从而我们得到企业 3 的利润函数：

$$\pi_3=q_3P'(q_3)-C_3(q_3)=q_3(a-q_3)-q_3c' \qquad 式（4-8）$$

由此可得企业 3 利润最大化的一阶条件：

$$\frac{\partial \pi_3}{\partial q_3}=a-2q_3-c'=0 \qquad 式（4-9）$$

所以，企业 3 的最优产量和垄断利润分别为：

$$q_3^*=\frac{1}{2}(a-c') \qquad 式（4-10）$$

$$\pi_3=\frac{1}{4}(a-c')^2 \qquad 式（4-11）$$

比较式（4-7）与式（4-11），我们可以知道，$\pi_3>\pi_1+\pi_2$。所以，我们可以得到结论，企业并购促进企业收益的增加。企业的收益增加额是由两部分决定的：一是$\left[\frac{1}{4}(a-c')^2-\frac{2}{9}(a-c')\right]$，即市场力量影响着企业的收益，市场力量的上升会促进企业收益的增加；二是$\left[\frac{2}{9}(a-c')^2-\frac{2}{9}(a-c)^2\right]$，即规模经济影响着企业的收益，规模经济使得生产成本下降，从而促进企业收益的增加。若$[\pi_3-(\pi_1+\pi_2)]$大于企业并购成本，企业便可以寻求并购。

如果从节省交易费用的角度来分析企业跨国并购的微观动因，那么，我们只需利用著名经济学家罗纳德·科斯（Ronald Coase）的交易费用理论进行推论，不需要借助模型。大企业节省的交易费用远远大于小企业。因此，我们可以推断：若两家纵向企业进行并购，可以避免两家企业之间的市场交易，从而节省交易费用。

（四）中国企业跨国并购战略

目前，中国企业的并购实践中存在一种倾向——片面强调并购中存在着的积极效应，在并购决策前缺少评估，盲目实施并购战略，为不少企业埋下隐患。与国内并购相比，跨国并购面临的难度更大，所以，正确的跨国并购决策是并购能够成功的前提。针对我国企业的跨国并购现状，现提出并购战略决策应遵循的四项原则。

1. 跨国并购应以正确的企业发展战略为导向

中长期的发展战略是所有企业在发展道路上必不可少的，为了实现企业发展战略，其中一项重要的手段就是跨国并购。对跨国并购的运用，要符合企业战略目标和具体内容要求。一般来说，应根据企业发展的现状与发展目标之间的差距来选择跨国并购的类型和时机。当企业规模较小，而行业内竞争较激烈时，选择横向跨国并购是一种较好的策略；当企业需要控制产品的原材料或流通渠道、降低交易成本时，选择纵向跨国并购比较好；当企业成长到一定阶段且从事的业务相对而言达到极限时，则需要谋求多元化发展，以寻求新的利润增长点，此时，选择混合跨国并购是一条高效、经济的快捷之路。这里有一点需特别注意，跨国并购以企业发展战略为导向，是以正确的企业发展战略为前提的。一个有缺陷的企业发展战略本身就可能存在导致企业衰退的潜在因素，这些潜在因素极可能最终导致跨国并购失效。

2. 跨国并购应符合国家相关产业政策

符合国家相关产业政策的跨国并购行为是企业进行有效并购的基础。我国的产业政策和调整的重点方向主要有两个：一个是新兴产业或发展前景良好的产业，包括计算机产业、信息产业、生物工程产业等；另一个是我国当前经济社会发展中较为缺乏而又急需发展的行业。国家政策通常会重点支持有发展前景的产业，因此，企业进行跨国并购之前，应充分研究我国的产业政策。企业如果要跨行业并购，则应尽可能地与我国现行的产业政策以及产业调整方向保持一致。进行同行业企业并购时，兼并企业应对自己的企业进行真实评价，明白自己的产业在国家产业政策中处于什么样的位置，具体包括国家是否对本行业进行扶持、本行业的产业竞争是否激烈、本行业有什么样的增长速度等，从而确定对该产业业务的进一步扩展是否会给企业带来较大的风险，帮助企业有效地开展兼并活动。

3. 企业核心能力的培养和提高是跨国并购的有效保障

企业的核心能力是指企业在一个特定的经营环境中的竞争能力与企业技能、企业管理和运转机制等各个方面的竞争优势，以及互补性资产的有机融合，其实就是对不同技术体系和管理系统进行的有机结合，是为企业提供竞争优势的极其重要的能力。如果把企业比作一棵大树，那企业的核心能力就是树的根基，企业的核心产品就是树干。企业的核心产品是由企业的核心能力和生产经营单位共同培养而来的，其所得的果实就是最终的产品。企业的核心能力是影响其生存发展的关键，企业要想在行业中获得竞争优势，就必须培养和强化企业核心能力，这是企业生存发展的前提和基础。因此，企业进行跨国并购应当立足于优化企业的生产经营系统，培养和提高企业的核心能力，将企业优秀的生产经营系统和企业的核心能力转化为企业在国际竞争中的强有力的优势。

企业在进行兼并的过程中应当着力做好以下两个方面，从而达到有效培养和提高企业核心能力的目标。

一是开展多元化经营，有效培养企业核心能力。大量的国内外相关实践都证明，若企业开展了有效的多元化经营，不但会大大有利于分散经营风险，还能大幅提高企业现有的资源配置效率，从而进一步在利润增长点上实现能动转换，在充分利用核心能力的基础上继续扩展核心能力，使其获得更加丰富的内涵。当然，错误的多元化经营也会给企业带来不利影响。例如，企业开展多元化经营的时机选择并不合适，或者选择了与企业现有产品无关的业务，甚至强行涉足陌生的行业，就会带来不利的影响，导致企业的经营风险不易被分散，反而会降低企业的核心能力带来的价值，使得企业原有的竞争优势降低。因此，企业应当慎重开展与企业自身核心产业无关的多元化经营活动。

二是进行资本经营，有效提高企业自身的核心能力。企业以并购等形式吸收外部资源，增加原有的核心能力或培养出新的核心能力，并以此扩大市场份额的经营方式称为资本经营。企业在正常经营状态下，在内部借助成本控制、提高生产率等方式进行资源整合，由此开发新产品、开拓新市场，从而维护和保障企业核心能力的经营方式称为产品经营。企业资本经营对核心能力的影响只有借助产品经营才能实现。企业在兼并的过程中，应将资本经营与产品经营放到相同的位置，给予同等重视，让企业兼并真正成为培养和提高企业核心能力的强有力手段。

4. 跨国并购依托于企业的竞争优势

企业并购能否成功直接决定了跨国并购是否能给企业带来附加价值。而并购企业和目标企业之间竞争优势能否转移又直接决定了企业并购能够创造价值的能力。企业想要获得更高的附加价值，就需要注重企业经营资源的分享、功能技巧的运用、管理模式的实行和规模收益的提高这四个方面，其中前三个方面在并购和被并购企业间的竞争优势转换上都已有体现。而规模收益的提高需要企业达到一定的规模，这是针对进行并购之前的并购主体企业提出的，由于并购后企业的整体规模增加了，其能够实现企业规模经济，提高规模收益。依托于企业的竞争优势进行跨国并购是并购成功的非常重要的基础。即使企业在并购之后扩大了原有的规模，获得了更高的经济效益，但想要在未来竞争激烈的国际市场中仍有自己的一席之地，就要保持自己的竞争优势。所以跨国并购不仅要让企业本身的竞争优势发展为并购后企业竞争优势，还要保证维持这种优势。

三、跨国战略联盟：中国产业组织优化手段之二

（一）跨国战略联盟的内涵

企业之间的合作与联盟关系早就存在，但企业之间跨国的合作与联盟即跨国战略联盟的大量出现和迅速发展是在 20 世纪 80 年代中期以后。人们对跨国战略联盟尚无统一的定义，但就结盟的目的和实质已达成了某种共识。人们通常认为，跨国战略联盟是两个或两个以上国家的企业或跨国企业为了实现特定的战略目标而结成的合作伙伴关系，它是企业与企业之间达成了不同于通常意义上的市场交易，但还达不到合并程度的中间的合作模式。跨国战略联盟是以合作代替对抗的全球竞争的新形式，联盟成员之间资源共有、风险共担、利益共享。

按照是否涉及股权，可将跨国战略联盟的定义分为狭义和广义两种。狭义的跨国战略联盟通常指两个或两个以上国家的企业为了实现共同的战略目标达成的非股权式的合作伙伴关系。如两家企业共同开发一种技术或生产一种产品，相互利用对方的销售渠道占领市场等。但无论哪一种形式都不涉及股权参与，不包括合资企业。广义的跨国战略联盟是指包括合资企业等股权参与形式在内的任何形式的企业间正式的和非正式的合作关系。它包括共担风险的国际联营，如保险或勘探合作、管理服务协议、联合生产合同、联合研究计划、合作销售、技术转移兼回购协议等。通常所说的跨国战略联盟指的是广义的跨国战略联盟。

（二）跨国战略联盟的类型

由于企业的战略目标、竞争优势、自身处境、行业特点、竞争程度等主客观条件的不同，企业间的跨国战略联盟形式也十分多样。根据战略联盟的不同形式，可以从不同的角度对它们进行分类。

1. 从建立跨国战略联盟的动机看

根据建立跨国战略联盟的动机，可以将跨国战略联盟划分为风险共担型战略联盟、技术互补型战略联盟、资源共享型战略联盟、全球竞争型战略联盟和多角合作型战略联盟。

2. 从企业价值活动的关系看

根据企业价值活动的关系，可以将跨国战略联盟划分为 X 和 Y 两类。X 类是指在生产经营活动的价值链中分别负责不同环节的企业之间的联盟，如生产企业和销售企业之间的联盟，称为垂直联盟；Y 类是指在生产经营活动的价值链中负责相同环节的企业之间的联盟，如生产企业建立的联盟，称为水平联盟。

3. 从产业联系的角度看

从产业联系的角度看，跨国战略联盟可分为上游联盟（前向联盟)、下游联盟(后向联盟)、横向联盟(生产或销售同一产品或服务的企业之间的联盟)和多样化联盟(处于不同行业的企业之间的联盟)。

4. 从联盟的内容和职能看

从联盟的内容和职能看，跨国战略联盟可分为研究开发战略联盟、生产制造战略联盟、联合销售战略联盟和合资企业战略联盟。

(三) 跨国战略联盟的绩效分析

跨国战略联盟作为企业间的合作竞争组织，可以实现资源共享、优势互补，提高市场绩效水平。对企业跨国战略联盟市场绩效的分析主要有三个方面，分别是资源配置效率、规模结构效率和技术水平。

1. 跨国战略联盟可以提高企业资源配置效率

许多经济学家都对垄断持否定态度，这是因为垄断使得价格机制在资源的合理分配中起到的作用被削弱，进而不利于资源随着供求关系的改变而移动或是重新分配。而这些经济学家通常认为兼并、一体化和扩大规模等都是实现垄断的手段。

接下来主要介绍作为企业竞争合作组织的跨国战略联盟究竟会不会导致垄断的发生，以及跨国战略联盟对资源配置效率的影响。

从市场行为分析来看，垄断的主要方法是控制产量和价格，进而导致市场效率降低，使消费者的利益受到损害。而跨国战略联盟十分注重生产要素的重组和共享，这在很大程度上对资源的流动起到了促进作用，还可以有效地节约企业的生产成本。跨国战略联盟的目标是新产品、新市场和新行业，它是一个致力于共同做大市场“蛋糕”的组织。这与垄断中的企业私下勾结有着本质的区别，跨国战略联盟是高水平的团体竞争。企业在面临着与本国企业和企业结盟体竞争的同时，还面临着与世界范围内结盟的跨国企业和国际性大型企业的竞争。

从企业内部关系来看，垄断企业有很大的内部规模，内部的组织层次也不得不相应增加，这在一定程度上会导致企业内部不同小集团的目标、利益不一致，进而导致企业内信息沟通效率下降、企业缺少成本最小化动机。而与此不同，跨国战略联盟是竞争性的合作组织，其在竞争中有着明显的合作，它是一种介于市场和企业之间的特殊的组织结构，虽然企业间签订了正常市场交易中没有的长期协定，但这些协定并不是以资本为纽带，而是以市场机遇和契约为纽带，其并不是通常意义上的合并。跨国战略联盟与垄断的重要区别是跨国战略联盟扩大的是企业的市场范围和产业范围，而垄断是直接扩大了企业。因此，跨国战略联盟能有效预防大企业病发生，让企业可以保持灵活的经营机制，避免企业组织僵化，让企业能跟上快速发展的市场和先进技术的脚步。

2. 跨国战略联盟可以提高企业规模结构效率

结成跨国战略联盟的企业具有更大的专业化分工范围，企业能够降低自身的生产成本，减少日常消耗，在不扩大企业自身规模的情况下实现规模经济。结成跨国战略联盟可以让企业在投资规模较大、市场变化较不稳定、自身资金较少的情况下，仍能够利用原有优势，在短时间内提高效益。跨国战略联盟能有效提高资源的利用效率，这是因为其可以利用技术上的规模经济，形成规模产出效应，达到促进专业化分工、降低单位生产成本的效果。企业提高了专业化程度之后还可以使管理机构得到有效精简，从而帮助企业达到降低管理成本、提高管理效率的目的。由于跨国战略联盟实现了市场势力和容量的扩张，企业能进行规模采购，有效拓展市场空间，进而能将规模经济扩展到更大的市场范围。跨国战略联盟可以有效抑制企业间的过度竞争，帮助企业在外部实现规模经济，还可以有效融合竞争活力和规模经济，在一定程度上缓解“马歇尔冲突”。企业组建跨国战略联盟后，还能在全球范围内实现规模经济，将资源有效配置扩展到更大范围去节约社会成本。

3. **跨国战略联盟可以提高企业技术水平**

产业的市场行为和市场结构中处处渗透着技术进步带来的影响，且最终会体现在经济增长中。这反映了市场的动态经济效率。技术的发展速度越来越快，相应地，给技术开发带来的难度也持续增加，企业创新伴随的风险也不断提升，这样一来，企业就很难独自完成一个庞大的技术创新项目。即便企业有独立完成这类项目的能力，也必定要经历很长的研发周期，很可能错失机遇。跨国战略联盟的优势显而易见，其可以结合各企业的优势，使其更好地发挥作用，提高创新的效率和成功率。自 20 世纪 80 年代至今，各国企业缔结的跨国战略联盟绝大部分都以提高技术创新能力为目的，这更能证明跨国战略联盟可以提高企业技术创新能力。“科学技术是第一生产力”，而企业的竞争实质上是技术的竞争，跨国战略联盟具有聚合效应和技术学习效应，能使企业得到更快、更好的发展。

跨国战略联盟的聚合效应主要表现在以下几个方面。一是组建跨国战略联盟的企业能有效地实现技术创新中的规模经济，降低技术创新成本，分担技术创新中的投资风险。二是组建跨国战略联盟有助于企业统一技术标准、扩大技术应用范围和激发创新灵感。技术的规模效应就是技术创新中所说的规模经济，这是研究开发达到一定规模之后才能真正体现出来的效益和价值，这时才能提高研发的速度与质量。如果把技术比作产品，把研发资源比作企业的生产能力，那只有达到一定规模，才能使技术成果的产出成本最小化，借助跨国战略联盟集中力量、分担风险可以减少研究投入和降低研究风险。

跨国战略联盟能为组织中的成员提供良好的学习环境，让组织内成员可以近距离地学习，切实地感受到新技术，无论是科研技术还是企业的组织管理技术，从而形成良好的学习效应，这种效应被称为技术学习效应。由于跨国战略联盟中的双方或多方存在合作，人员具有流动性，企业技术也会发生相应的融合，在合作过程中，企业内部的知识和技术不可避免地会有转移。在跨国战略联盟不断发展的过程中，其界限变得越来越模糊，联盟中的成员不可避免地要暴露一些技术，让其他成员可以学到这些新技术。

当前有待进一步探索的是如何更好地完善和利用跨国战略联盟，使其发挥更大的作用，更好地为企业服务。

（四）企业结成跨国战略联盟的战略

当前我国已经有很多企业将跨国战略联盟发展为自身走出国门的有效手段，或对外直接投资的前哨站。例如，1999 年我国河南新飞电器集团有限公司在技术、产品和营销方面与美国的通用电气公司达成了合作，批量生产了 125 万台新飞绿色冰箱，成功打入了美国等发达国家的家电市场。海尔与德国某高科技企业进行技术合作，同时与世界许多供应商和营销商进行采购和营销合作，从而把海尔电器产品送到世界各地，包括发达国家的市场。但是跨国战略联盟在我国还处于初级阶段，联盟的主要形式是技术授受型，而不是技术双向型；是资源互补型，而不是竞争合作型；是生产销售型，而不是研发型；是被动、选择合作对象较少型，而不是主动、选择对象广泛型；是战略产品销售地在中国型，而不是战略产品销售地在国外型。此外，实施跨国战略联盟的企业数量太少，产业选择也不宽广，布局也零散，所以为了促进中国企业战略联盟的顺利发展，实现产业组织结构的优化，有必要从宏观层面和微观层面对中国的跨国战略联盟做好规划。

1. 培育并完善跨国战略联盟的主体

最近几年，中国企业已结成了各种形式的跨国战略联盟，让这些联盟进一步发展的基础是规范联盟的内部运行机制，保证其健康发展，为此，可采取以下措施。

（1）培育、提高企业的核心竞争力。

企业的核心竞争力是企业所独有的、能帮助企业在产品质量或服务体系上获得优势地位的关键能力。核心竞争力往往不是很短的时间内可以培养起来的，而是企业在一个领域多年从事经营与管理之后才逐渐形成的，是企业长期积累的结果。如果一个企业没有核心竞争力，就不可能跟其他企业形成稳固而长久的跨国战略联盟。

（2）加强企业组织创新。

企业应当着力加强组织创新能力，形成能适应企业跨国战略联盟的新型企业组织。目前，企业组织结构中存在的“两头（开发和销售）小、中间（生产）大”的“橄榄形”模式亟待改变，因为这样的组织结构十分庞大，不利于企业对外界市场的变化做出及时、灵活的反应。企业要以核心业务为主，逐渐淘汰不能形成竞争优势的一般业务。有条件的企业可以逐渐将组织结构转变为“两头（开发和销售）大、中间（生产）小”的“哑铃形”模式，建立良好的供应商体系。这就要求企业学习供应商及整个协作系统的统一控制和协调的技术。与此同时，企业组织的构成单位也应当从专业化的职能部门发展成为以任务为导向、能充分发挥能动性和创造性的部门，这需要企业组织结构逐渐向扁平型、网络式和柔性化的方向转变。

（3）完善跨文化管理。

通常意义上的企业管理是基于统一文化的管理，其存在于一个固定形式的组织内部，但在跨国战略联盟中无法再实施这种单一文化的管理，联盟中的文化是多种企业文化相互融合后形成的独有的文化，所以在进行跨文化管理时，需要注意以下几个方面。

一是强调团队文化。团队文化并不是要求牺牲合作伙伴的利益，使其服从整体目标，而是希望能使局部利益和整体利益实现统一。一方面，进行合作伙伴的选择时，要将各方面的信息综合考虑、充分利用，选择信誉好、技术硬且具有良好合作意愿的企业组成团队；另一方面，团队在项目实施过程中要充分沟通、加强协调，促进团队文化的形成。

二是建立信任关系。战略联盟中的企业具有不同的背景，在合作中会不自觉地产生防卫心理和防卫行为，这些心理和行为可能会损耗企业的精力，甚至会使合作破裂。因此，跨国战略联盟中的成员应做好充分的沟通，减少甚至消除习惯性防卫心理和行为，使信任关系更进一步。

（4）提高企业信息化和知识化程度，保障及时有效的信息交流。

跨国战略联盟的组建是为了最大限度地发挥各成员的优势，但也不可避免地会出现纠纷。信息技术是企业联系和沟通的桥梁，企业间经常进行有效的信息沟通能帮助顺利解决纠纷。同时，信息网络可以增强企业间的业务联系，改善供需状况，使联盟有序运行。由此可见，保障联盟有序运行、提高联盟运转效率的基本手段就是提高联盟的信息化程度。跨国战略联盟较高程度的知识化则可以提高合作伙伴的知识分工效率，较高的知识化水平能使人们在更高的层次上达到统一，而不会因为企业间知识层次差异太大而影响了交流甚至导致内耗增加。

2. 跨国战略联盟的产业规划

在宏观层面上，一方面，跨国战略联盟应选择垂直贸易量大、国内连锁效应强、产品供求链长的产业，即产业内初级产品、中间产品及最终产品中交易频次和交易量大的产业。这里有两种情况：一是在国内制造初级产品、中间产品，然后利用跨国战略联盟在国外生产最终产品，这样能够发挥出中国有比较优势产业的推动作用，如纺织服装业利用国际市场推动国内产业结构升级；二是借助跨国战略联盟的合作关系，利用国外资源增大国内产品供给量，使国内的相应产业得到发展。这些产业国际市场竞争激烈、行情变化快，正适合跨国战略联盟的高弹性特征。另一方面，跨国战略联盟应选择技术密集型的高科技企业。近几年，中国的经济发展模式已从传统的低层次、粗放型的平面扩张方式转变为集约化、高度化的经济增长方式，所以中国跨国战略联盟产业规划也应对此有所体现。我国企业应多与发达国家跨国企业结成学习型、技术开发型跨国战略联盟，特别要重视在产业经营链中首个环节结成的联盟，即研发联盟。现在世界各国跨国企业都把中国当作最大的“世界工厂”，并把大量研发中心设立在中国，这为中国企业在国内与它们建立研发联盟提供了很好的机会。当然，中国企业也可跨出国门到发达国家去建立研发联盟，如海尔在美国硅谷与当地科研中心合作。

在微观层面，如前所述，组建跨国战略联盟的前提是企业必须有某种竞争优势。第一，可以选择劳动密集型的小规模制造业、资源开发业，这些行业的企业很多都拥有自己的相对优势。第二，可以选择一些具有技术优势的产业，如航天工业、材料工业等，我国的这些产业都具有领先世界的科技成果，可以以这些产业的企业为主与其他优秀的发展中国家或者发达国家的企业结成跨国战略联盟。第三，可以选择传统的民族产业，如丝绸业、陶瓷业等，这些产业拥有独特的技术，这是其他国家所没有的，利用这些民族产业的企业可以在世界各地有效结成跨国战略联盟，但在合作过程中要注意保护自己的核心技术。

3. 跨国战略联盟的区位规划

中国组建跨国战略联盟，在宏观层面上要求用全球化的思维调整产业结构、保障国家经济安全、提升国家整体竞争力；在微观层面上要实现企业的最大收益，增强企业竞争力。一方面，中国跨国战略联盟应以亚洲国家为主，尤其是新兴的工业化国家。中国对外直接投资有很大一部分都集中在这些地区的发展中国家，这为双方的合作打下了良好的基础。亚洲的经济发展速度快、对外开放程度高，已然成为当今世界新的经济增长点。此外，还有亚太经济合作组织和东盟两大区域一体化组织，这两大组织都有一个与欧盟显著不同的特点，它们强调的是松散型的国际经济合作，恰巧跨国战略联盟具有这一特征。近年来，东盟与中国的“10＋1”合作机制也有了实质性的进展，这有力地推动了中国企业与东盟国家的企业结成跨国战略联盟。另一方面，要更多地与美国、日本、澳大利亚、加拿大等发达国家的企业结成跨国战略联盟。这些发达国家的市场是趋于成熟和完善的现代市场，这些国家的中小企业拥有成熟的技术，需要投入的资本比较少，这非常适合我国目前很大一部分企业的技术和资金需求状况，所以与发达国家的中小企业结成跨国战略联盟，是当前我国企业组建跨国战略联盟的一种有效策略。

跨国战略联盟和对外跨国并购是企业国际化经营中的两个重要组成部分，它们相辅相成，缺一不可。

第五章

中国企业国际化的进入方式研究

第一节　企业国际化进程研究

一个国内企业进入国际市场，逐渐成长为跨国企业，这个过程被称为企业国际化，也可以被称为企业跨国化。企业国际化进程可以用“一条主线，三个维度”来阐释。

一、一条主线：从产品出口到跨国经营

一条主线是指企业采取由易到难的国际市场进入方式，体现了企业跨国经营能力和水平的逐渐提高。企业实现国际化主要包括以下六个阶段。

一是消极出口。在这个阶段，许多小企业并没有意识到自身也拥有国际市场，它们仅仅完成国际订单，并不会主动寻求向海外出口的机会。

二是进行出口管理。CEO（首席执行官）或管理专员开始有意识地寻找出口机会，但由于受到资源限制，处于这一阶段的大

多数小企业仍依赖间接出口渠道，但这个阶段的企业领导者和企业管理者在思想上会发生重大转变，他们将出口看作新的营销机会。

三是成立出口部。在这一阶段，企业开始投入大量的精力和资源扩大出口，企业管理者开始重新审视出口风险，他们开始认为自己的企业有一定的承受风险的能力。这个阶段对大多数小企业来说，最关键的是要在当地找到一个合适的分销伙伴。

四是成立销售分公司。当一个国家或地区对企业的产品表现出高度的需求时，企业就具备了设立当地销售机构的基础。但要想成立销售分公司，企业必须具备足够的资源与实力，可以派遣自己的管理者到国外任职，或者招聘当地管理者来管理分公司。

五是进行海外生产。在这一阶段，企业的海外经营不再局限于价值链下游的生产活动，企业可以根据当地的产品和生产效率，采取许可证协议模式、合资经营的方式等。对绝大多数的小企业来说，这是一个非常艰难的阶段，一旦对外直接投资失败极有可能使整个企业破产。

六是实现跨国经营。在这个阶段的企业能构建带有跨国企业特征的全球一体化网络。

以上各个阶段的行动可归结为不同的国际市场进入方式，它是指企业将运营活动与业务功能扩展至海外的一种经营业态。在绝大多数情况下，企业把自己制造的产品通过中间商间接出口到国际市场的方式，比较而言是一种难度和风险最小的国际市场进入方式，而跨国并购则被普遍认为是一种难度和风险最大的国际市场进入方式。我把具有代表性的几种国际市场进入方式，按通常情况下它们的难度和风险由小到大的顺序排列（见表 5-1）。

表 5-1 国际市场进入方式难度比较

	进入深度	资源投入	复杂性	风险性	撤出障碍	管理难度
间接出口	最小	最小	最小	最小	最小	最小
直接出口	↓	↓	↓	↓	↓	↓
海外分销机构						
授权专营						
合同制造						
跨国新建						
跨国收购	最大	最大	最大	最大	最大	最大

在这条主线的基础上，企业进行了对外直接投资，并建立了海外子公司，其最初经营的只是母公司的部分业务，然后随着时间的推移，其将承担更多的业务。而且，每个业务领域都是从执行有限的职能开始的，如起初只是销售或装配，再逐步开展更多的工作。通过沿着地域、业务、职能这三个维度中的一个方向不断发展，跨国企业就形成了。其中，每个子公司都经营着不同的业务，并发挥着不同的作用。

二、三个维度：地域、业务与职能

在确定国际市场进入方式的同时，企业国际化进程具体是由三个维度的扩展来实现的。这三个维度分别是地域、业务与职能，它们的不同扩展进度的组合，构成了一个完整的企业国际化进程。

（一）地域扩展

在大多数情况下，企业向海外发展在地域扩张上主要受三个因素影响：地域相邻，文化相似，经济相近。这是一种“寻同”的过程。

1. **地域相邻**

企业向海外扩张，邻国是一个自然而然的选择。主要原因为越邻近越熟悉，相关信息比较容易获得，通信和交通方便等。在进入邻国获得经验后，企业就会逐渐向距离较远的一些国家扩张。

2. **文化相似**

企业初次在海外进行投资时，往往倾向于与语言文化都相似的国家合作。在海外投资经验丰富之后，其才会逐渐跟语言文化相似性小的国家合作。有欧洲学者将这方面的企业实践规律总结为“心理距离”。“心理距离”是指妨碍或干扰企业与市场之间信息流动的因素，包括语言、文化、政治体系、教育水平、经济发展阶段等。

3. **经济相近**

东道国在经济发展水平、消费习惯、经济体制等方面与母国相近，也是企业在海外发展时选择它的重要因素。

（二）业务的多元化

企业最初的海外发展，都是先拿出一个产品或业务投入东道国市场。在产品或业务选择的顺序上，企业一般主要考虑两个因素：一个是与东道国相比最具竞争优势，另一个是相对风险最小。在第一个产品或业务在市场中站稳后，再逐渐投入更多的产品或业务。

（三）职能的转移

企业在海外发展过程中，都是先把一个职能（一般是市场营销）转移出去，然后逐渐增加海外机构承担的职能。美国学者 Rosenzweig 提出一种企业海外发展中职能转移的典型模式（见图 5-1）。

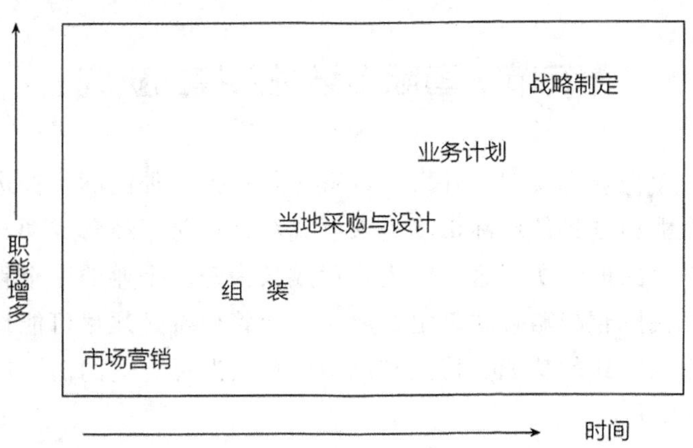

图 5-1 企业海外发展中职能转移的典型模式

日本三菱综合研究所总结了日本企业海外发展中职能转移的典型模式，如图 5-2 所示。

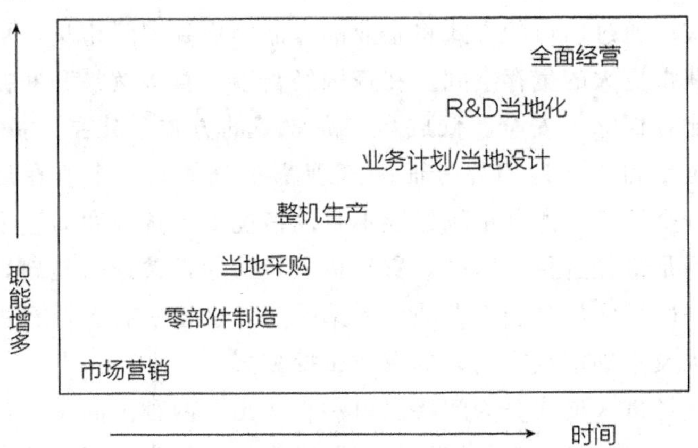

图 5-2 日本企业海外发展中职能转移的典型模式

第二节　国际市场进入模式研究

一个企业想要向海外发展，就必须选择某种国际市场进入模式。企业所选择的国际市场进入模式对企业跨国经营成功与否的影响是巨大的，所以这是国内企业成长为跨国企业的一个重要内容。在国际化战略方式确定之后，企业管理者必须尽可能地了解各种进入模式的功能、特点和风险，从而选择合适的国际市场进入模式。

一、贸易进入模式

国内企业以出口自身产品的方式打开国际市场，这种进入国际市场的方式称为贸易进入模式，它是一种最快的开拓国际市场的方式。通过出口的方式将企业的产品销售到国际市场，可以让企业获得更大的生存空间。在跨国经营中，直接贸易和间接贸易都是比较保守、安全、低成本、高效率的方式，其在人员配置、产品供给和资金运用等方面的管理都十分便利。企业在规模较小、资金缺乏、海外市场经验不足的情况下，选择贸易进入模式被认为是最佳选择。因此，贸易进入模式通常被认为是新兴企业走出国门，实施跨国经营战略的第一步，也是所有企业在进入高风险以及不确定性市场时的有效试探模式。

贸易进入模式分为间接出口和直接出口两种。间接出口是指国内企业将自己的产品销售给国际进出口贸易商，间接地实现企业产品的海外销售模式；直接出口是指国内企业直接在海外市场拓展销售渠道来实现企业产品的海外销售。间接出口与直接出口的根本区别在于企业是否直接与海外市场产生业务关系。间接出口与直接出口有各自的优势和劣势。虽然间接出口进入模式不失为国内企业最初“走出去”的最佳选择，但还是被认为是在开拓海外市场中最为脆弱的国际市场进入模式。直接出口比间接出口更方便灵活，企业直接与海外市场发生联系，是现代企业普遍采用的一种贸易进入模式，尤其被大企业所重视。两种渠道的出口模式、特征、优势和劣势的比较如表 5-2 所示。

表 5-2　两种渠道的出口模式、特征、优势和劣势的比较

渠道	出口模式	特征	优势	劣势
间接出口	出口商	出口商有不同类型，最常见的是从制造商处买产品，然后用自己的账户向国外销售产品	能够处理有关出口的所有事项	无法控制海外市场和信息；销售量有限
	出口委托商行	代表国外委托人向制造商订货，只收取佣金；同时，出口委托商行承诺支付担保	能够处理有关出口的所有事项并担保支付	无法控制海外市场和信息；销售量有限
	购买商行	代表客户进入百货商店直接向制造商订货	能够处理产品出口的所有事项，但制造商仅与购买商接触，不参与任何出口事宜	无法控制海外市场和信息；销售量有限
	“挂拖车”出口	制造商通过综合商社的海外销售网络将产品销往海外	与有实力的贸易企业合作，贸易企业也扩大了产品种类和销量	找到合适的伙伴并不容易，容易因现有销售关系而受到影响

续表

渠道	出口模式	特征	优势	劣势
直接出口	代理商	代理商有不同类型，有的代理商只买一个企业的产品，有的代理商销售不同企业的产品；以佣金的方式收费	与间接出口相比，对海外市场具有更强的控制能力和对信息的收集能力；在同一市场有续存性；代理商的成本与产品销售挂钩	代理商有可能同时代理不同企业的产品形成竞争；终止与代理商的协议会比较困难，且代价高
	经销商	经销商将使用产品的名称，经销商不以佣金方式收费	比较了解当地市场，并能够提供售后服务；制造商也能够控制海外市场	与经销商终止合同的代价高
	直接销售	从本国直接派销售代表到国外	对企业和产品有深入的了解；对海外市场和信息的控制能力高	缺乏当地市场知识；存在语言文化障碍；交易成本相对较高
	专卖店	专卖店职员既可以从本国派，也可雇用当地人员	下决心发展海外市场；国外企业更容易与制造商合作；灵活且适应能力强	选择合适的销售人员会有些困难；当地销售代表缺乏对母公司和产品的了解

在互联网环境中，跨国电子商务日益成为一种重要的贸易进入模式。跨国电子商务是指基于浏览器/服务器应用方式，跨越国界的买卖双方不谋面地进行商贸谈判、商贸交易以及最终支付等活动的总和。

跨国电子商务主要有三种模式：①跨国企业对东道国企业模式（Business to Business），跨国企业与东道国企业之间通过互联网进行产品、服务及信息的交换，主要活动包括发布供需信息、获得企业信息、确认初步协议、签发相关票据、支付款项、确定物流方案等；②跨国企业对东道国消费者模式（Business to Customer），主要有网上大型商场、网上书店、专业化网站和品牌店等类型；③跨国个人消费者交易平台模式（Consumer to Consumer），跨国企业建立交易平台，供不同国家的个人消费者使用，完成交易活动。

二、契约进入模式

作为一种非股权安排，契约进入模式可进一步细分为许可证进入模式、特许经营进入模式、交钥匙合同进入模式等子模式，不同子模式的比较如表 5-3 所示。

表 5-3 主要契约进入子模式之间的一般性比较

子模式	资金投入程度	风险	回报
许可证进入模式	低	低	低
特许经营进入模式	较低	适中	适中
交钥匙合同进入模式	高	高	高
合同生产进入模式	适中	低	低
管理合同进入模式	低	低	低
技术合作进入模式	低	低	低

（一）许可证进入模式

跨国经营中的许可证（Licensing）进入模式，是指在一定时期内，一家企业向外国企业转让自有的无形资产使用权，并从中按比例提取使用费及其他补偿。具体来说，其是企业以许可证方式向国外企业协议转让其专利、商标、产品配方、公司名称等使用权。

1. 许可证进入模式的优势

与其他国际市场进入模式一样，许可证进入模式也有着自己的一些优点。选择这一进入模式可以使企业获得以下优势。

(1) 投入低且能获取固定收益。

(2) 海外经营风险很小。

(3) 可以推动国际间技术联盟的发展。

(4) 可以成为其他模式的先期进入手段。

2. **许可证进入模式的弊端**

(1) 不同市场的进入差异性较大。

(2) 盈利水平不高。

(3) 对打开国际市场可能会形成一定的制约。

(4) 有时因技术外溢而为企业树立新的竞争对手。

3. **许可证进入模式的适用条件**

(1) 对拥有无形资产优势的中小企业较为适宜。

(2) 是为避免产能过剩的理想性选择。

(3) 服务领域的企业更适合运用这种进入模式。

4. **许可证进入模式的国际实践**

在经济全球化时代的大潮下，许可证进入模式取得了快速发展。到 2004 年，全球的许可证交易总额达到 1753 亿美元。在各个领域中，制药行业的企业更倾向于采用这一模式进入国际市场。这一点更加证明了新技术应用、研发开支和产品生命周期等诸多因素对许可证进入模式运用的影响。在服装等消费品行业，企业运用许可证进入模式的案例比比皆是。

(二) 特许经营进入模式

关于特许经营进入模式的定义很多，国际特许经营协会(IFA) 给出的定义是：特许经营进入模式是一种分销产品和服务的方法。它包含两个层面的内容：一是特许方 (Franchisor) 向受许方 (Franchisee) 转让商标、技术或统一的商业运营模式等；二是受许方按照合同在支付使用费和加盟金的条件下从事特定经营。

应该指出的是，特许经营与许可证进入模式有着相同的特点。在严格意义上，特许经营进入模式实质上属于许可证进入模式的一种特殊形式，是许可证进入模式的深化与延伸。具体来说，特许经营进入模式包括直接出售特许权、设立独资经营机构、设立分支机构、建立地区发展商、授予支持特许、建立合资企业等众多方式。

1. 特许经营进入模式的优势

（1）不受特许企业资金规模的限制。

（2）有一套对受许企业来说较为易学的国际特许系统。

（3）对合作企业及东道国市场有比较强的控制。

（4）面临的各种风险比较小。

（5）当地化的作用与效果显著。

2. 特许经营进入模式的弊端

（1）很可能培养出未来竞争对手。

（2）不同地域等综合因素限制统一的特许系统。

（3）特许经营系统容易产生负面性的连锁反应。

3. 特许经营进入模式的国际实践

特许经营进入模式起源于19世纪的美国，鼻祖是美国胜家缝纫机公司。第二次世界大战后，特许经营进入模式在美国已经非常普及，最著名的是麦当劳。特许经营进入模式在其他国家和地区的迅速发展开始于20世纪60至70年代。20世纪80年代以后，特许经营进入模式在全世界飞速发展。也正是在这一时期，特许经营进入模式开始进入中国。1987年年底，第一家肯德基快餐店进驻中国，这是中国特许经营进入模式发展的起点。根据中国连锁经营协会的不完全统计，截至2003年年底，中国的特许经营企业在1900家左右，加盟店7万多家，涉及的行业超过50种，成为世界上特许经营体系最多的国家。

（三）交钥匙合同进入模式

交钥匙合同（Turnkey Contracts）进入模式，是指企业对东道国工程项目进行设计与建造，在完成并实现初步运转后，将该工程项目的所有权和管理权的“钥匙”，依照合同完整地“交”给对方，由对方开始经营。在交钥匙合同进入模式中，承接工程的外国企业的责任一般包括项目的设计、建造，在交付项目之后提供服务，如管理和培训工人，为对方经营该项目做准备。交钥匙合同进入模式除了发生在企业之间，许多大型工程项目也会采用，如在水利、电力、电信、交通运输、石油化工等领域。

1. 交钥匙合同进入模式中的 BOT、EPC 等方式

BOT、EPC 是国际上交钥匙合同进入模式下最为流行的方式，而 EP、DB 等方式则是 EPC 方式的延伸与综合。BOT 最初是作为一个项目融资概念出现的，后来成为主要用于承建外国公共基础设施建设项目的一种市场进入模式，由东道国政府或所属机构为项目的建设和经营提供一种特许权协议作为项目融资的基础，并由当地企业或者外国企业作为项目的投资者和经营者安排融资，承担风险，开发建设项目，并在有限的时间内经营项目，获取商业利润，最后根据协议将该项目转让给相应的政府机构，以银行、项目投资者、项目所在国政府在融资问题上达成契约为前提。

EPC 方式是很值得关注的，因为它代表了现代西方工程项目管理的主流。EPC 将承包（或服务）范围进一步向建设工程的前期延伸，甲方只要大致说明一下投资意图和要求，其余工作均由作为乙方的 EPC 承包单位来完成。EPC 中的 PC（Procurement Construction）表明在这种方式中，材料和工程设备的采购完全由 EPC 承包单位负责。它最大的特点就是确定受约各方都欢迎的承包项目的固定总价。

2. 交钥匙合同进入模式的优势

(1) 专业分工明确。

(2) 企业组织结构灵活。

从事 EPC 等工程项目的企业，一般都采用矩阵式的组织结构。根据 EPC 项目合同的内容组成项目管理组，以工作组（Work Team）的模式运行，由项目经理全面负责工作组的活动。在 EPC 合同执行完毕后，工作组也随之解散。

3. 交钥匙合同进入模式的弊端

(1) 在各类进入模式中风险程度最高。

(2) 项目协调难度大。

4. 交钥匙合同进入模式的国际实践

交钥匙合同进入模式是发达国家的跨国企业向发展中国家投资受阻后发展起来的一种非股权投资方式。另外，当跨国企业拥有某种市场所需的尖端技术，就会希望能迅速且大面积地覆盖市场，当其所能使用的资本等要素不足时，也会考虑采用交钥匙合同进入模式。与其他契约进入模式相比，交钥匙合同进入模式是受全球经济景气程度影响很大的一种模式。

对于利用交钥匙合同进入模式来进入国际市场的中国企业而言，以劳务合作为主的建筑领域是一个比较突出的领域。尤其在进入 21 世纪以后，中国对外企业的工程总承包业务取得了突破性进展。美国《工程新闻纪录》显示，2020 年，我国已经有 74 家企业入围“全球最大 250 家国际承包商”。《中国对外承包工程国别（地区）市场报告 2019—2020》显示，截至 2019 年年底，对外承包工程业务已累计实现完成营业额 1.76 万亿美元，新签合同额 2.58 万亿美元。

（四）其他契约子模式

1. 合同生产进入模式

合同生产进入模式是指本国企业与外国企业之间签订产品供

应合同，本国企业将生产的职责转移给了东道国企业，将精力集中在国际市场营销方面。这种模式的优势是本国企业租赁外国企业的生产能力，无须为生产业务投入过多的资金。到了 20 世纪 90 年代，这种模式被越来越多的跨国企业所采用，这就是所谓的“战略性外包”。

伴随着经济全球化的发展，全球外包市场规模也呈现出跳跃性发展趋势。Gartner 的研究报告表明，印度是国际大企业外包项目的最大受益者。与印度相比，中国企业所得到的外包收入则比较有限。

这种模式同时存在如下缺点：一是有可能把合作伙伴培养成潜在竞争对手；二是有可能失去对产品生产过程的控制；三是有可能因为对方延期交货导致本企业的营销活动无法按计划进行。

2. **管理合同进入模式**

管理合同进入模式是指在海外企业授权下，企业负责合同期限内该海外企业的经营任务，作为回报，企业根据合同提取相应管理费和相应比例的经营利润。

管理合同进入模式具有许多优点。其中，投入少是该模式最大的优点。企业向海外输出管理技能，在不发生现金流动的情况下获取收入，因而企业遇到的海外风险也比其他进入模式要小得多。如果说企业存在风险，那么可能只是在合同范围内企业应当取得的管理业绩，并根据业绩完成情况从授权方获得的报酬方面的奖励或惩罚。

3. **技术合作进入模式**

技术合作进入模式是指企业与外国企业签订合同，向对方提供各种有偿技术咨询服务。具体来说，以技术合作进入国际市场包括在新产品或新工艺的开发与运用方面提供咨询服务，向外国企业提供培训等。

契约模式下的技术合作已经成为一种必然的发展趋势，20 世纪 80 年代以来，以契约模式为基础的技术合作呈现明显的递增趋势。

三、投资进入模式

投资进入模式是指企业通过对外直接投资在东道国建立生产性子公司，以此进入东道国市场，即企业对东道国的制造厂或其他形式的生产实体拥有实际控制权。投资进入模式的具体途径有新建和并购两种方式。

投资进入模式与前两种模式最大的区别是其进行股权参与，因而也得到了对东道国市场和生产经营活动的更大管理控制权，从而在较大程度上弥补了前几种模式的缺陷和不足。比如，其缩短了生产与销售在时间和空间上的距离，减少了货运成本，企业能够及时获得市场信息反馈，更好地提供售后服务；能保护商标、专利、专有技术等秘密，确保其有限制地使用；能跨越目标国所设置的各种贸易障碍；能获得东道国政府制定的许多优惠政策支持等。

但投资进入模式在增强管理控制权的同时，必然使企业动用较多资源，而且由于其在东道国卷入的深度和广度较前两种模式更大，所以其具有较大的管理难度、较小的灵活性和较大的风险，如货币风险、市场风险、政治风险等。

（一）新建和并购

新建和并购是投资进入模式中的两种。

在一定层面上，新建和并购是相互对立的，但同时它们可以相互替代。因而，新建的缺点可能就是并购的优点；同样地，新建的优点又会是并购的缺点。

下面主要介绍两种方式的优缺点。

1. 对风险的掌握

跨国经营企业可以直接对项目进行策划、建设并组织实施经营管理，是新建方式的突出特征。这种方式的优势是企业可以在市场上进行多方比较，再选择合适的资产购买，这样就对资产的价值评估有准确的判断，所以也可以对整个项目投资预算有准确的把握。如果采用并购方式，就很难准确评估被并购企业的相关资产的价值。相比之下，新建方式的优点就十分显著了——决策者可以很好地掌控投资风险，进而可以很好地掌握整个项目策划的主动性。

2. 对企业需求的满足

跨国经营企业能够完全按照企业的战略规划和实际经营情况（如企业规模和地点、管理组织与管理制度、人员安排、业务选择等）来进行选择是新建方式的一大突出优势。而并购方式就不会给企业留有这么大的选择余地，例如，企业在规模和地点上的选择往往受到很大的限制。

3. 成功率

新建方式的成功率要明显高于并购方式，主要是因为新建方式能完全按照企业战略规划的要求和实际经营情况展开工作，在内部企业管理上很少会受到阻碍。

4. 筹备工作

在前期的筹备工作方面，并购不需要进行太多的准备，而新建却需要前期做好大量的建设工作，因而新建方式开展的速度慢、周期长。表 5-4 为海外企业新建方式和并购方式的优缺点比较。

表 5-4　海外企业新建方式和并购方式的优缺点比较

新建方式	优点	①东道国法律和政策上的限制较少，也不易受到当地舆论的抵制 ②在多数国家，新建比并购的手续要简单一些 ③在东道国新建企业，尤其是合资企业，常会享受到优惠政策 ④后续工作比并购简单
	缺点	①建设期较长，开业比较慢 ②需新建销售渠道，进入当地市场慢

续表

并购方式	优点	①可以获得现有的生产能力、技术和品牌，迅速生产产品 ②可以利用现成的销售渠道较快地进入当地市场 ③减少市场上的竞争对手 ④跨行业并购，可以迅速扩大经营范围和地点
	缺点	①难以准确评估被并购企业的真实情况，可能导致并购支出超出预期 ②受东道国法律和政策限制因素较多 ③有时会受到当地舆论的抵制 ④并购后的整合往往难度很大

跨国并购方式指的是东道国境外投资者将东道国境内企业的股权或资产收购，或通过东道国境外投资者已在东道国境内设立的企业对其他东道国境内企业的股权或资产进行并购，以及其他相似的获得东道国境内企业控制权的行为。跨国并购和普通的并购方式不同，跨国并购是从“投资国”和“被投资国”的角度研究跨越国界的企业并购，是外国直接投资在各国间流动的一种重要表现形式。

从价值链形成的角度看，跨国并购可以分为三种基本形式：横向并购、纵向并购和混合并购。两个或两个以上的从事同类业务活动的企业之间进行的并购称为横向并购；在生产或经营活动的不同阶段的两个或两个以上的企业间进行的并购称为纵向并购，纵向并购包括向上纵向并购（对产业组织体系中上游企业的并购）和向下纵向并购（对下游企业的并购）；从事不相关类型经营活动的两个或两个以上企业之间进行的并购称为混合并购，混合并购包括产品扩张型并购、市场扩张型并购和纯粹混合并购。

（二）投资进入模式中包含的股权策略

直接投资有以下四类股权参与形式：①全部控权类型，子公司股权100%归母公司所有；②多数控权类型，子公司股权的

51%～99%归母公司所有；③对等控权类型，子公司股权的50%归母公司所有；④少数控权类型，子公司股权的1%～49%归母公司所有。全部控权实际上就是跨国企业的独资经营，其余均为合资经营。股权也就是所有权，它是支配企业的关键。全部控股和非全部控股的差别在于对企业的控制程度。

如果跨国企业是母公司拥有100%股权的子公司，那这个子公司就被称为独资公司。独资公司的所有经营管理权都属于母公司，盈亏也由母公司负责。

如果是由两家或两家以上的企业共同投资设立的子公司，那这个子公司就被称为合资公司，合资公司的经营管理权分摊给了所有的投资企业，所有企业共同承担风险、享受盈利。

对企业来讲，选择设立独资公司与合资公司的利弊如下。

1. **独资公司**

选择独资公司的优势主要有：①独资公司的全部经营管理权都归母公司拥有，这样能够有效保证独资公司的所有经营活动都与母公司的战略要求相符合；②母公司转移给独资公司的财产能够得到有效的保障，尤其是母公司的专利技术、专有技术、管理技巧、著名商标不会流失，能帮助企业维持对特有资源的垄断；③能够有效地保证独资公司与母公司在经营目标、经营手段、管理思想和管理组织上保持协调和统一，避免产生内部矛盾和冲突。

选择独资公司的弊端主要有：①母公司承担独资公司的所有投资费用，因而母公司在财务上会有很大的压力；②东道国政府和当地社会通常将独资公司当作外国企业，并排斥独资公司，因而独资公司面临着很大的国家风险，一旦东道国对外资企业实施国有化制度，独资公司将首先受到损害；③对东道国的政治、经济环境不熟悉的独资公司，在与东道国进行合作的时候，往往会遇到诸多困难；④许多东道国会差别对待独资公司与合资公司，这些东道国只给独资公司很少的优惠，却会给独资公司设置很多的限制。

2. **合资公司**

选择合资公司的优势主要有：①能有效获取多方优惠，并降低自身的投资风险，合资公司拥有东道国的合资者，因而往往会被东道国政府和社会当作当地企业，容易被当地接受和认同，更容易与它们合作，东道国政府通常也会给合资公司较多的优惠；②东道国的合资者熟悉当地的市场和社会关系，也有利于帮助合资公司在当地打开市场；③可以减少企业的投资费用和损失，这是由于合资公司的资本由各投资者分担，亏损也相应由各投资者分担；④有利于合资公司掌握先进的技术和管理技能，提高自身实力，也可以利用合资伙伴在技术、管理、产品等方面具有的优势帮助自己发展。

选择合资公司的弊端主要有：①各个投资者的利益并不完全一致，所以往往会给投资公司在经营目标、经营战略和手段等方面的协调统一带来困难，进而影响了合资公司的生产经营；②不同的投资者在管理思想、方法和作风等方面有不同的习惯和想法，这也会导致投资者们在企业管理上产生矛盾，虽然这种矛盾并不牵扯合资公司的利益，但也会给合资公司的经营管理效率带来极大的影响，这种影响甚至会影响到各投资者之间的友好关系，最终导致投资者合作关系的破裂，利益性的矛盾和非利益性的矛盾使得合资公司成为世界上最难管理的一种企业组织形式，合资双方的关系对合资公司经营成败的影响比经营决策是否正确的影响更大；③可能会对自身的未来发展产生不利影响，如果母公司为了促进合资公司的发展而将自己独有的技术和管理制度投入合资公司中，很容易被合资伙伴所掌握，那么这些合资伙伴将可能迅速发展成为强有力的竞争对手；④很难准确评估合资方的资本投入和合资公司的各项资产，尤其是其中的无形资产，这在一定程度上也会影响到各方的利益；⑤母公司在合资公司中转移定价时，在一定程度上会无法避免地受到来自其他合资伙伴的限制。

联合国贸易和发展会议上，藤田正孝针对跨国中小企业进行了大量的调查研究，结果表明：跨国中小企业更倾向于采用新建和合资的进入方式。

第六章

中国企业国际化经营的战略思路研究

第一节　中国的企业信息化战略

企业信息化战略是信息时代企业国际化经营的重要战略举措。想要利用信息的全球化传播来帮助企业实现国际化经营，就必须首先实现企业信息化。20 世纪 70 年代我国的企业信息化开始逐步发展，并取得了显著成绩，涌现出了一批先进典型。但是与先进国家相比，其还有很大的发展空间，企业仍然面临着许多亟待解决却又很难解决的问题。我国应该学习、借鉴国外成功经验，从实际国情出发，制定和实施科学的企业信息化发展战略，创建既符合国际通行规则，又具有中国特色的企业信息化模式。企业需根据实际情况及自身发展现状，采取积极的、行之有效的对策；政府相关部门应遵循客观规律，围绕为企业服务这个核心，制定和执行科学合理的宏观政策法规体系。只有上下一心，共同努力，才能促进企业信息化的健康发展。

一、现状分析

企业信息化涉及经济社会生活的各个领域，在整个社会再生产过程中都能找到它的身影，是一个巨大而复杂的社会系统工程。我国的基础信息设施建设水平、经济发展水平、信息产业化程度、社会信息化水平等都会对企业信息化发展产生影响，或者是制约，或者是推动。随着改革开放的逐步深化，我国经济实力不断提高。与此同时，我国大力引进国外先进技术，并不断研究开发新技术，促进了信息技术产业化，完善了以信息高速公路建设为重点的信息基础设施建设，促进了信息服务业的长远发展。上述取得的成绩是企业信息化良好发展的物质基础。我国的企业信息化从 20 世纪 70 年代开始，经过了几十年的发展，至今已经全面普及，其发展前景十分广阔。

（一）发展过程

企业信息化是一个复杂的过程。这个过程大体可分为起步、全面发展和目标实现三个阶段。每个阶段又可细分为许多小阶段。回顾我国企业信息化发展历程，其已经走过了起步阶段，进入了全面发展阶段。发展阶段有以下几种有代表性的信息化模式。

1. 功能单一的“孤岛式”模式

我国自 20 世纪 70 年代开始逐渐尝试构建简单的、独立的企业 MIS（管理信息系统）子系统应用、计算机辅助制造、计算机辅助设计。在当时，操作模式是以单机为主，采用大型机/哑终端或“孤岛式”的结构对单项业务的数据进行处理和辅助管理。

2. 面向企业的局域网络模式

20 世纪 80 年代中期到 90 年代中期，企业信息化发展转变为面向企业的局域网络模式。在这一时期，企业在内部业务需求方面产生了新的变化，如在数据共享、协同工作等方面产生了新的需求，同时对企业业务流程提出了更高的要求。为了满足这些企业信息化发展带来的新要求，我国的企业开始运用局域网络来连接企业各部门。同时，我国发展了具有更强大功能的 MIS 和办公自动化系统（OA）。在进行网络化发展的同时生产制造行业采用了面向企业过程的软件技术，并引入应用制造资源系统（MPR/MRPⅡ）。这些转变都是面向企业的局域网络信息化模式的具体体现。

面向企业的局域网络模式将各种信息技术综合利用，运用网络紧密连接企业的各部门；运用客户/服务器（C/S）结构对公共软件和信息进行管理；运用分布式数据库来提高信息数据的共享程度；运用软件技术（主要是以企业运营过程为基础的软件技术）使企业更好地实现设计、生产、服务等过程的信息化及自动化。

3. 开放式集成化的广域网络模式

20 世纪末期，全球经济一体化逐步形成，互联网应用得到了迅速普及，我国企业逐渐应用新的信息技术及管理模式，企业信息化得到飞速发展。这时，我国企业发展了企业外部网（Extranet）、企业资源计划（ERP）和计算机/现代集成制造系统（CIMS）等多种信息化的形式，这些都是开放式集成化的广域网络模式的具体体现。

企业信息化发展的总体趋势是形成开放性的系统结构。其开放性主要表现在以下几个方面：一是计算机硬件的开放性，如外设接口、系统 I/O 总线、网络通信接口等均采用国际标准（或公认的工业标准）；二是软件开发环境的开放性，如标准的网络通信协议、符合工业标准的操作系统等；三是管理系统结构的开放性，在一定程度上，开放式系统能够消除信息交换类型的差异，促进企业形成一个密切联系的整体。

4. 新型企业信息化模式

企业信息化推进大会于 2000 年 1 月 26 日在我国首都北京举

行，此次大会由国家经济贸易委员会、工业和信息化部、科学技术部联合举办。下面将从企业信息化工程的指导方针、整体目标和短期目标三方面加以说明。

（1）指导方针。

在政府方针的指导下，积极聚集市场资源，加强信息技术的应用，提高企业的管理水平，增强企业竞争力。

（2）整体目标。

一是加强企业对信息化紧迫性与重要性的重视；二是促进企业经营管理的发展方向向现代化转变；三是大力开发和利用信息资源，加快产品的升级换代；四是普及网络应用，促进电子商务发展，提升企业整体信息化水平。

（3）短期目标。

一是国家重点企业要在企业上网、网络建设、资源管理等方面取得显著进展；二是要建立以国家重点企业为核心的企业电子商务平台；三是要探索出以物资采购、人才培训、技术交易、产品营销为支撑的电子商务模式，国家重点企业起模范带头作用，促进我国企业信息化建设。

随着企业信息化工程的正式启动，我国的企业信息化建设逐步展开，使得我国的企业信息化进入了一个新的发展阶段，这必然会产生一种新的企业信息化模式。这种新的企业信息化模式为了满足不同企业的具体需求可以有不同的分支，采用最先进的管理思想、管理模式、管理方法和信息技术，在现有模式的基础上进行改造，不断完善、不断创新，产生了新的模式，这些新模式既能够适应现有的企业模式，又能对今后可能产生的企业模式有很好的适应性。

（二）主要特点

1. 基本认识提高，重视程度相差大

企业信息化认识主要包括对信息内容重要性的认识和对信息

技术重要性的认识。随着“两个转变”不断深化，信息内容和技术对企业发展的影响更加显著，企业也已明确认识到信息化可以帮助其提升竞争力。从整体上来看，企业对信息化发展的认识在不断提高，但各个企业在实际的运营管理和日常工作中的重视程度仍有很大差距。除了受到一些客观原因影响外，更多的问题是企业在认识上仍有不足。

2. **基础应用普及面广，重大信息工程建设滞后**

现在尽管有不少大中型企业不仅拥有许多信息技术设备，还培养且储备了众多为自己服务的信息化人才，但是重大信息工程建设的普及率仍然很低，水平也相对落后，在许多企业中的应用效果并不理想，如 MRPⅡ、MIS、CIMS 等。

3. **新生企业信息化建设起点高，原有企业信息化基础薄弱**

改革开放以后，我国新生的企业受信息化的影响，在创立之初就将信息化建设纳入企业建设规划，所以其具有较强的市场观念、现代管理意识，以及较好的信息化建设基础，同时拥有智能化水平较高的技术装备。与原有企业相比，无论是在信息化应用效果方面，还是在信息化建设水平方面，这些新生企业都具有突出的优势。原有企业（特别是国有大中型工业企业）使用的设备比较陈旧且更新能力差，对于信息化建设没有足够的资金支持，信息化基础薄弱。

4. **企业对信息化的需求有很大差距**

对信息化的需求较为强烈的企业主要有效益好的企业、外向型企业、具有开拓国际市场能力的大中型企业等；而效益相对不好的企业、竞争领域狭窄的企业和小企业对信息化的需求就没有那么明显了。若企业处在竞争压力大的复杂环境中，就要求企业信息化达到较高的水平，才能较好地适应这种环境，以获取更高的经济效益；反之，企业的经济效益又影响着企业信息化建设的效果和财力投入。

5. **信息化水平普及程度存在差异**

从整体上看，所在行业技术含量越高、经济发展水平越高、区域市场化程度越高、管理水平越高的企业，其信息化水平和信息化普及程度就越高；反之，行业技术含量越低、经济发展水平越低、市场化程度越低、管理制度越落后的企业，其信息化水平和信息化普及程度就越低。

6. **重大信息工程建设模式多样**

MIS、MRPⅡ、CIMS、Intranet（企业内部网）/Extranet等在我国大中型企业的大型信息化工程建设中均有不同程度的应用。企业信息工程建设的开发和利用也是联合开发、全套引进、委托开发、自主开发等多种形式并存的状况。

7. **企业间信息化效果相差较大**

由于不同企业对信息化的认识水平与重视程度、经济效益、固有的管理基础等存在较大的差别，不同类型的企业信息化建设取得的成果也有很大差别，尤其是大型信息化工程的建设。

8. **信息化发展趋势良好**

自改革开放以来，我国企业的竞争环境不断发生着改变，促使着我国企业逐渐向信息化迈进。信息技术的成熟和信息化成本的下降也极大地促进了企业信息化水平的提高，许多大中型企业都将信息化建设纳入自己的中长期发展规划。同时，由于互联网的快速发展为中小企业利用信息提供了便利，中小企业的信息化建设热情高涨。

（三）先进典型企业

我国企业在推行信息化的过程中，涌现出了联想集团有限公司、海尔、海信集团有限公司（简称海信）、浪潮集团有限公司（简称浪潮）、康佳集团股份有限公司、创维集团有限公司、中兴等一批先进典型，创造了辉煌的业绩，积累了许多成功的经验可供借鉴。

（四）面临的主要问题

虽然我国企业信息化建设取得了可喜的成绩，但与世界先进水平相比整体上还比较落后，这就无法适应我国经济快速发展的现状。外国的信息化进程却领先我国很多，美国在20世纪90年代就基本完成了企业的信息化建设，欧盟和日本的大部分企业在21世纪初期就几乎全部实现了企业信息化。这与我国的企业信息化建设形成了明显的对比。因此，我们必须正视差距，找准问题，采取有效措施，全面有效地加快我国企业信息化建设。

我国在实现企业信息化方面主要面临以下五个问题。

1. 资金投入不足

企业的信息化发展需要投入巨额资金，国家财政收入有限，无法对企业进行有效的扶持，不能满足各行各业的所有信息化需要。企业各个方面的发展都需要注入大量资金，多数企业资金缺乏、筹集资金难度大，很难抽出额外的资金进行信息化建设，因而资金投入不足是企业进行信息化建设面临的最大难题。

2. 技术相对落后

信息技术革命产生于美国。我国研究开发信息技术相对较晚，最初进行信息化建设需要的关键技术和设备也都从国外引入，信息产业发展滞后，产品档次、质量不高，技术设备国产化程度偏低，企业信息化成本高，许多企业难以承受。由于技术相对滞后，企业收集、储存、筛选、加工、传输信息的手段，还有些落后，不能很好地满足需求。

3. 管理体制不顺

经过多年改革，我国管理体制有了较大改善，但许多方面仍不适应经济国际化和信息传播全球化的需要。特别是不同部门、不同地区、不同企业相互独立，缺少联系，造成了严重的资源浪费，导致重复建设和效率低下，企业很难在信息化建设中及时、全面、准确地获取国内外信息。

4. **信息政策系统和法规支持系统不完善**

虽然我国政府足够重视相关的信息政策及法规，但是对相关的信息政策及法规制定与完善还处在一个缓慢的进程中，现在关于企业信息化的政策法规还是较少，并且距离健全和完善还有很长的路要走。现有的政策法规大多是站在宏观性和定性目标方面来阐述的，与企业信息化具体过程和操作有关的法律法规并不多，这也不利于企业信息化的健康发展。

5. **信息化建设人才整体水平不够高**

企业信息市场的竞争说到底还是信息化人才的竞争。如今，西方国家已经展开了信息化人才争夺大战。我国企业的信息化人才建设起步较晚，整体水平有待提高。

二、战略的总体构想

肯定成绩，正视差距，找准问题，加快企业信息化进程，重视有关企业信息化发展战略的研究。企业信息化是国民经济信息化的基础，国民经济信息化是企业信息化的主导与保障。1995年，党的十四届五中全会首次提出了“加快国民经济信息化进程”的战略任务，企业信息化也日益受到重视。2000年10月9日至11日，党的十五届五中全会通过的《中共中央关于制定国民经济和社会发展第十个五年计划的建议》（中发〔2000〕16号）专门论述了“大力推进国民经济和社会信息化”，同时号召企业生产经营要运用数字化、网络技术，加快信息化步伐，面向信息的需求者，提供多方位的信息产品和网络服务。企业管理者应该认真贯彻并落实相关指示，尽快研究制定符合企业自身的信息化发展战略，指导企业信息化的跨越式发展。我国企业众多，千差万别，不同企业应制定和实施不同的信息化战略。但只要是企业信息化战略，就具有企业信息化战略的一般特性，即共性。

本书无力也没有必要分门别类地研究各种具体企业的信息化战略，仅仅从一般意义（一般特征）上研究分析我国企业信息化发展战略的总体构想。

我国企业信息化发展战略的总体框架可以是全面贯彻落实党中央和国务院关于信息化建设的重要指示，遵循正确的原则，学习借鉴国外成功经验，从我国国情出发，分步骤、有重点地推进，创建既符合国际通行规则又具有中国特色的企业信息化模式。在21世纪，世界信息技术和信息传播不断全球化，企业应紧跟时代发展潮流，努力学习，不断创新，加强对信息化建设的认识，更新观念，积极完善信息基础设施建设，整体提高企业信息化建设水平及经济效益。企业要立足自身发展状况，积极采取有效的对策，大力推进企业信息化建设；各级政府应遵循客观规律，制定和完善相关的政策法规。各方共同努力，促进企业信息化建设的健康发展。

（一）战略思想与目标

当前企业应全面贯彻党中央关于信息化建设的重要指示，不同地区（或行业）的企业应采用与之相适应的信息化建设模式，国家重点企业应起示范和带动作用，不断加快构建企业信息化外部支持系统，完善企业内部信息化建设，构建一个符合国际通行规则且有中国特色的企业信息化体系。加强网络建设，全面优化信息设备，加强对信息资源的开发利用力度，不断挖掘人才、培养人才，积极发掘人才潜能，积极对信息服务体系进行更新，使之不断趋于完善，以相关信息政策法规为依据，制定科学合理的、适合企业自身的信息标准与制度，使得企业信息化建设进行得更高速、更高效，为社会的全面信息化奠定基础。

这一战略思想与目标可以分解为以下五项具体内容。第一，认真学习党中央和国务院关于信息化的指示，学习国外企业信息化的成功经验，研究分析世界信息技术和信息传播全球化的发展趋势，对照先进找差距，增强企业对信息化紧迫性和重要性的认识。第二，搞好现代信息基础设施建设。它是企业信息化的物质基础，必须搞好。当务之急是提高企业信息设备的综合装备率，提高信息化装备和系统集成能力。第三，促进创新和经营管理现代化。经营管理现代化是企业信息化的灵魂，创新是企业信息化的生命。没有创新和经营管理现代化，就没有企业信息化。因此，必须深入开展体制、机制、管理、营销、技术、市场等各方面的全面创新，深入开展人事、劳动、财务、资金、质量等制度的改革，促进经营管理现代化。第四，合理开发、利用信息资源，充分调动、挖掘人才。信息资源是一个企业发展的战略性资源，它对企业的效益有很大的影响，因而信息资源的合理开发、利用是企业信息化建设的重点，也是企业信息化取得成功的关键，企业要提高对信息资源的重视程度。信息人力资源是企业信息化的成功之本，企业如果不能够充分调动、挖掘员工的信息潜能，那么企业信息化就不能有效运作。若想发挥员工的信息潜能，就必须以员工的知识为基础，要建立终身学习的制度，提高企业员工整体素质。第五，提高企业经济效益。信息技术具有附加值高、成本低的特点，所以应通过企业信息化，加快产品升级换代，降低成本费用，扩大市场占有率，提高企业经济效益和竞争力。

（二）遵循的基本原则

我国制定和实施企业信息化发展战略，除了确定科学的战略思想与目标外，还应遵循正确的基本原则。

1. 科学规划，小步快跑

这是稳步加快企业信息化发展的基本原则。“科学规划”代表着企业要考虑人力、财力、物力及技术力量等多种因素，从全局思考问题，将长远利益作为出发点，提供企业业务活动所需要的实际方案。企业信息化外部支持系统以开拓性、战略性、前瞻性为原则，制定统一的规划，以适应企业信息化发展。而“小步快跑”意味着将企业业务活动的紧迫要求作为出发点，将项目按照轻重缓急来区分，程序优先，分步实施。要将采购、储存、研制等步骤规范化，形成企业信息化体系。企业信息技术的应用代表着企业信息化由电脑的单机应用发展到计算机信息系统，再发展到远程互联网络的过程。这就为今后企业信息化体系建设做出了有效的探索。

2. 从实际出发，突出重点

从实际出发是制定和实施企业信息化战略的一项基本原则。从实际出发主要是指目标统一，企业信息化与生产或经营目标要有一致性，这对于企业解决实际问题有着重要的权衡作用。企业信息化与企业效益有着密切的联系，信息化建设也必定要与企业的生产实际挂钩。如果可以通过企业信息化扫清企业当前存在的发展阻碍，也不失为很好的解决办法。需求是信息化建设发展的动力，离开了实际需求，信息化建设就无从谈起。若能解决当前困难，对计算机、网络等信息技术存在疑虑的人自然心服口服。

研究制定和实施企业信息化发展战略，全面推进信息化建设不等于让各方面齐头并进，也不是平均使用力量。从实际出发，抓住信息化建设的主要矛盾，找出影响全局的薄弱环节，恰如其分地突出重点，同时兼顾一般，也是进行信息化建设必须遵循的原则之一。重点项目、重点环节建设的成败，关系到全体员工的根本利益，关系到信息化建设的前途。因此，在制定和实施企业信息化发展战略时，需做到将事物的轻重缓急甄别出来，保证重点企业、重点部门、重点项目的需要。不保证重点，就无法保证企业信息化建设的顺利进行。但是在保证重点的同时，必须兼顾一般。企业信息化是一个有机整体，任何一个项目都不可能离开其他项目的配合而孤立存在。因此，重点和一般是相互依存、相互促进的，丢掉一般，重点就无法保证，最终将影响整个信息化建设工程。因此，必须保证重点，兼顾一般。

3. **积极开拓，以人为本**

信息技术的不断发展使企业信息化呈现出更加多元的技术应用局面，这其中包括计算机的硬件、软件，局域网和广域网在内的数据通信技术。前期关于技术的风险评估、后期关于组织建设的整个信息化系统，都是专业课题的研究范畴。专业课题研究需要人力、物力、时间、金钱等多方面的配合，企业若想自主研究此类课题将会产生巨大开支。因此，企业应积极开拓外部信息服务资源，为企业信息化发展寻找更快、更好的途径。企业在将内部研究开发成本与外部购买引进成本做比较之后，可以总结经验以达到减少资金、人力等资源投入的目的。

古人云："举大事者，必以人为本。"这说明了企业信息化战略要想顺利实施，必须坚持以人为本的基本原则，要将人力资源开发与使用始终贯穿整个企业信息化建设过程。企业战略包括企业的信息化建设，在国外的一些企业运营实例中，大都有设立类似企业信息主管职务的情况。企业信息主管是复合型人才，他们在经营管理与信息网络技术方面拥有敏锐的直觉。企业信息主管的工作内容涉及规划信息化发展、制订信息化方案、协调信息化进程、分配信息化资金等，是企业领导的重要组成部分。企业信息化的发展在一定程度上取决于人力资源信息潜能的挖掘和发挥。因此，进行企业信息化建设必须坚持以人为本，实施人本管理，保证人力资源潜能充分、有效地发挥，这是企业信息化发展的有力保障。

（三）战略步骤

我国企业信息化建设已有良性开端并有序开展。企业信息化的发展研究一般情况是分步实施的，我们将 2001 年以前的阶段划分为第一阶段，即起步阶段。该阶段的主要目标有以下两个：一是实现全国部分企业计算机化，使这些企业能将计算机应用于企业的日常生产、经营、管理活动；二是让大中型骨干企业逐步建立起自己的信息管理系统，让少数国际化龙头企业开始尝试应用电子商务。此外，在起步阶段，企业信息化的外部支持系统建设的主要项目应包括：初步建立全国省会以上城市和几十个中心城市的信息网络服务平台；完成全国双条光纤骨干网的全部建设；初步构建天地一体化的卫星通信和移动通信网络；使信息产业获得较大发展，并显著提高其占 GNP（国民生产总值）的比例；加强对以“三金工程”[①] 为代表的重点领域的信息化建设，初步构建具有一定规模且较为完整的企业外部信息支持体系。第一阶段的主要目标已基本实现。

2001—2010 年为第二阶段，是中国企业信息化加速发展阶段。这一阶段应实现的主要战略目标有以下几个：一是实现计算机系统普遍化，让所有企业都能拥有计算机信息系统；二是大中型企业起带头作用，着力建成企业局域网和国际网；三是大量中小企业基本形成“客户—服务器”分布式结构；四是众多企业有自己的信息技术研究与开发机构，能独立或以合作的方式进行信息技术的研究和开发；五是建立覆盖全国的“国家信息基础设施”，初步建成能满足计算机应用系统要求的信息平台，提高信息产业在国民生产总值中所占的比重，使之接近甚至超过 30%；六是基本建立完善的信息化外部支持体系。

2011—2050 年为第三阶段，这一阶段是中国企业信息化建设战略目标的实现阶段。这一阶段的总目标如下：全国各类企业的信息化水平都发展到接近甚至达到世界中等发达国家的水平，企业能依靠信息化获得巨大的经济效益和良好的社会效益，明显而有效地提高企业的竞争力。

① 所谓“三金工程”，是指金桥工程、金卡工程和金关工程。

（四）措施和策略

提高企业的现代化管理水平、市场竞争力和经济效益是企业信息化的最终目标。提高效益是企业最根本的需求，企业应在经济、技术、整体规划和自身改革四个方面采用行之有效的措施和策略，具体如下。

1. 经济

企业进行信息化建设应充分考虑自身的性质、类别、基础和规模等实际条件，在具体的信息化建设过程中应立足于实际，选择重点建设目标。在设计系统、选择产品和实施应用上不仅要考虑直接经济效益，还要注意考虑间接经济效益，从而确立有效且可行的企业综合效益目标，提高对系统性能价格比和投入产出比的重视程度。

2. 技术

企业应当具有前瞻性和可扩充性。前瞻性是指企业领导层要有一定的超前意识，尽量采用先进的技术和工具；可扩充性是指在已建成系统的基础上，仍能将新技术和新功能吸收进去并对企业进行扩充，为系统升级提供便利。

3. 整体规划

在整体规划方面，企业要注意社会性与整体性。社会性是指企业在信息化建设过程中，要根据企业外部条件及时调整和改变企业规划；整体性是指企业将综合经营目标作为整体的方向，以此制定企业信息化的长期、中期发展目标和计划，分清新建项目、重点项目和改造项目，分清信息化建设的轻重缓急。

4. 体制改革

企业体制改革的过程与业务和资产的重组以及信息化建设密不可分。从一些发达国家的改革经验中我们可以很容易地发现，企业系统变革的基础就是企业信息化，企业信息化能有效促进企业生产经营管理活动的实施。我国从 1999 年开始实行“三改一加强”① 政策，政策实施后，企业信息化建设与企业的改制、改组、改造和管理形成了紧密的联系，互相促进，让企业能在较短的时间内建立起既能将现代信息技术融入其中，又能适应市场发展需求的机制，从而帮助企业实现高效的运营管理。

三、企业对策

在我国企业信息化建设的伟大实践中，有许多企业增强了竞争力，提高了经济效益，创造了许多宝贵经验，当然也有失败的教训。这些经验与教训，都是制定和实施企业信息化发展战略的宝贵财富。我到“中国家电第一，世界家电一强”的海尔、国有企业向信息经济进军的“排头兵”海信、世界大型压力机生产基地济南二机床集团有限公司、中国试验机行业“排头兵”济南时代试金试验机有限公司、全面进军互联网的浪潮等信息化建设搞得好的企业进行了调查研究，同时翻阅了北京第一机床厂有限公司、思科公司、微软公司等一些国内外企业的案例，我意识到：中国企业信息化发展不仅需要学习借鉴国内外先进企业的理论，还要吸取其中的经验和教训，更要从企业的实际情况出发，探索具有中国特色的企业信息化道路。据此，本书提到我国企业信息化发展战略的企业对策主要有以下八项。

（一）更新观念，深化改革

企业信息化建设是一项庞大的系统工程，需要全面创新。其中观念创新是先导，必须更新观念，用先进的经营管理思想引领

① “三改”：一是改制，将国有企业改制为民营企业、私营企业、混合企业；二是改组，将不同的国有企业进行优化组合，组建成集团公司，集团公司再分成若干个分公司和子公司；三是改造，对国有企业进行经营机制改造和技术改造。“一加强”：对国有企业加强管理。

信息化建设。体制创新是基础，必须不断深化改革，建立健全与企业信息化建设相适应的组织机构、管理制度、运行机制等，对企业进行科学管理、全面管理，不断提高管理的水平和层次。

（二）做好前期准备工作

企业信息化建设是一场硬仗，要想成功，必须做好前期准备工作。不打无准备之仗，不打无把握之仗。若想打赢这场仗需要做到以下几点。

一是做好企业信息化的前期调查工作。了解企业诉求、制约发展因素，总结得出其他企业发展过程中的经验教训，取其精华，进行整体规划。

二是对信息化建设有一个大致的了解，以便对规章制度、部门组织和信息交流方式等做适当调整。

三是完善信息的标准化、规范化工作，坚持科学和严谨的态度，保证数据和信息的准确性和完整性，为信息交流和信息共享打下良好的基础。

（三）总体规划，分步实施

企业信息化建设是系统而又全面的，做好总体规划是对各分系统的集成和协调发展的有效保证。因此，企业必须集中精锐力量，结合各方意见，制定并实施科学合理、切实可行的总体规划。规划形成后再从分系统实施入手，逐步扩大系统集成范围，在建设的同时获得收益，使规划的实施形成良性循环。

（四）选择合适的信息化模式

企业实施信息化发展战略为的是提高企业的经济效益和竞争力。因此，企业信息化建设要以效益驱动为原则，从企业的实际需求出发，选择适当模式。要以信息化建设为武器解决企业实际出现的问题和困难，但不能任何问题都用信息化建设解决，在使用传统方法可以更好地解决问题的前提下，不应盲目地使用高新技术。

（五）一把手挂帅，全员上阵

通过研究得知，企业领导者在信息化建设的发展中一直占据着重要的地位。企业领导在重点环节上展现的能力不只是对企业信息化建设，对其他环节上的项目同样至关重要。因此，企业信息化战略的实施，必须一把手挂帅，亲自抓。同时，项目建设发展对于一个企业来讲，不仅是一把手的个人任务，而且是企业全体员工的最终目标，所以必须发动员工齐上阵。

（六）注重信息交流与共享

企业信息化的核心力量来自对信息资源的开发和利用。企业应组织力量从多种途径入手，采取多样的手段深入研究开发，充分利用企业自身和客户、市场变化等信息资源，发挥自身优势，实现企业生产、经营、管理各环节的资源共享，为企业决策提供可靠的信息支持。企业信息化既以此为基础，又将其作为最终目的。

（七）技术改造与信息化建设相结合

信息化不是脱离企业基础经营业务的新项目，而是为了企业经营更突出而开展的升级建设，使企业能更加合理、顺畅、高效地开展经济活动。某些重大信息化工程建设在很大程度上就是企业技术改造的直接内容，使企业的技术改造与信息化建设有机结合起来，可以获得事半功倍的效果。

（八）抓好企业信息化的若干重点工作

一些企业在信息化建设中成功地贯彻了“有所为，有所不为”的策略，实践证明是行之有效的。企业信息化建设的重点工作主要有以下几个方面。

1. 信息化基础设施建设

信息化基础设施主要是指用于获取、处理、传递和利用信息的各种物理设施，信息化基础设施建设应当建立从信源、信道到信宿的完整信息传输系统。

2. **信息网络化**

信息网络化是指各种信息系统间实现互相联通，形成网络体系。同时，加强信息管理、网络标准、操作规范和传输编码规范与管理。

3. **信息系统建设**

信息系统建设是指建立和开发各种信息资源的应用系统与软件。

4. **重视信息的应用**

重视信息的应用，重视数据库的建立与应用，确保信息资源的准确性、完整性和丰富性，以确保企业的信息资源能满足企业经营发展的需要。

5. **保障信息质量和安全**

对信息系统的开发者、管理者和应用者加强培训和教育，提高他们的工作质量与效率，为企业的信息共享提供保障，从而充分、有效地利用信息资源。

第二节　具有中国特色的电子商务战略

当前正迅速发展、带有巨大影响力的电子商务，给我国经济和社会发展带来的推动作用更加明显，在推动我国经济转型与升级方面尤为突出。

一、我国经济转型与升级的目标

从长期目标来看，我国想要完成经济转型升级，必须做到以下几点：一是进一步扩大内需，及时调整经济结构、加强技术研发和教育投入，提高自主创新能力，增强经济的内生动力；二是全面深化经济体制改革，促进信息化应用，推动经济快速增长；三是在保护国家利益的同时提高对外开放水平，充分调动并合理利用国内、国外两个市场和两种资源；四是采取行之有效的策略，切实减少人民收入差距，推进城乡一体化建设，提高对文化发展和生态保护的重视程度，实现经济与社会的和谐发展。我国经济转型与升级的多重任务如图 6-1 所示。

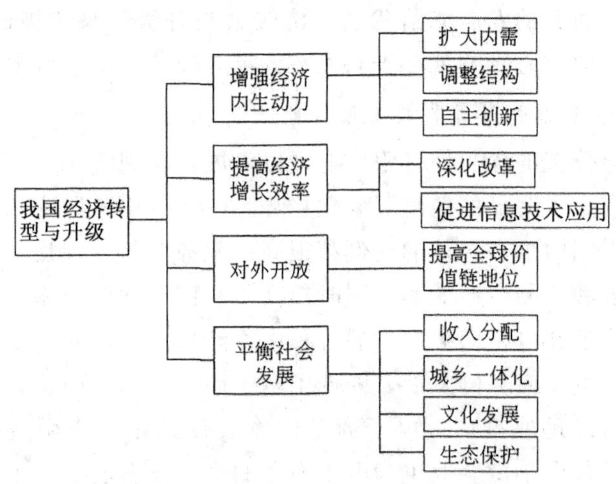

图 6-1　我国经济转型与升级的多重任务

从短期目标来看，2012 年召开的中央经济工作会议明确提出了要重视经济增长的质量和效益，指出经济工作的重要任务是调整经济结构和转变发展方式，企业要以提高经济增长质量和经济效益为中心，实现可持续发展。尽管 2012 年中央经济工作会议的主要任务是总结 2012 年的经济工作，并布置 2013 年的经济工作，但是此次中央经济工作会议所提出的提高对经济增长质量和效益重视的经济工作目标，也成为之后几年中国经济的重要发展目标。

无论是从长期规划还是从短期发展来看，我国经济转型与产业升级面临的任务都具有极大的挑战性，完成这些任务最终都要依靠制度和产业。目前，电子商务的迅速发展已经给国民经济和社会发展带来了积极且长远的影响，这对我国实现经济转型与升级十分有利。

二、电子商务推动我国经济转型与升级

电子商务的发展能给我国经济转型与升级带来积极的影响，电子商务的核心影响就在于它能有效提升经济活动的效率。

1. 电子商务服务业属于服务业

社会分工的深化使得服务业得以发展，在现代经济的发展过程中，产生了明显的经济服务化趋势。OECD中各国家的服务业增加值占国内生产总值的比例都很高。服务业的发展提高了服务产品品质和产品生产效率，同时提高了经济活动的效率。电子商务服务业是在电子商务的发展过程中逐渐形成的，它的发展极大地促进了电子商务的发展，降低了电子商务应用的门槛，使得电子商务得以迅速推广。电子商务的发展促进了中小微企业的发展，反过来中小微企业也为电子商务的进一步发展提供了强大的动力。

2. 电子商务服务业以电子商务应用为服务对象

电子商务服务业依托信息技术来提供服务，这是其主要特点之一。因此，对电子商务服务业本身和其服务的对象而言，电子商务都是信息技术应用的一种重要形式。在20世纪80年代，就有学者开始关注并研究信息技术投入对经济的影响。1987年，罗伯特·索洛（Robert Solow）提出了“生产率悖论”，这引起了众多学者对信息技术投入与产出的广泛关注。20世纪90年代末期，很多学者根据研究得出对生产力起到推动作用的是信息技术这一结论，他们误认为Robert Solow指出的“生产率悖论”并不存在。但在进行了深入研究之后他们又发现，当信息技术投

资和生产达到一定规模时，对生产率影响更大的其实是信息技术应用中产生的组织、流程、产品和服务等创新。经济学家巴特·范·阿克（Bart Van Ark）比较并分析了1987年到2004年欧盟和美国劳动生产率的差距，他认为欧盟和美国在2000年后劳动生产率增长不一致的最大区别在于其他部门全要素生产率不同，这可能是由于信息技术应用在其他部门时产生了更大的溢出效应。而通过对产业劳动生产率变化的观察和分析，学者发现，美国1995年到2004年市场服务部门生产率的提高是其劳动生产率提高的主要原因，市场服务部门主要提供批发、零售和商务等服务。电子商务的发展不仅促进了生产率的提高，而且给宏观经济和产业层面（如就业、物价、消费、投资、进出口、产业结构、供应链等）带来了积极影响。

3. **电子商务服务业具有十分广泛的影响**

电子商务应用具有通用应用的特点。自从人类社会进入信息社会，日趋完善的信息技术基础设施让几乎所有行业和个人都可以应用电子商务，所以提高电子商务的效率可以提高绝大多数行业和个人的生产、生活效率，故而说电子商务服务业具有十分广泛的影响。

电子商务在实际应用中也体现了对我国经济转型与升级的重要推动作用。下面介绍电子商务在我国经济转型与升级中起到的重要作用。

（一）经济内生动力方面

1. **扩大内需**

电子商务在扩大内需方面的影响主要体现为其在B2C和C2C交易平台中扩大国内消费需求上发挥的重要作用。与线下零售渠道相比较而言，网络零售交易平台具有明显的价格竞争优势，网络零售交易能更直观地划分商品类别，并能定制个性化产品，因此拥有更广阔、更高效的市场。相关统计数据显示，2017

年 11 月 11 日的天猫“双十一”促销当天的零售额就达到了 1682 亿元（见图 6-2）。同时，天猫的“双十一”活动也促进了其他电子商务平台和自营网站销售额提升，京东、苏宁易购、当当等电子商务零售渠道也都推出了促销活动，逐渐形成了全国性的电子商务促销活动，激发了广大消费者的消费热情，促进了消费。

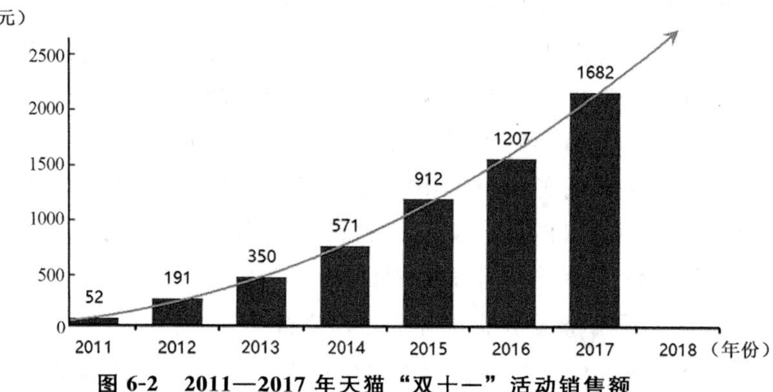

图 6-2　2011—2017 年天猫“双十一”活动销售额

（数据来源：管艺雯．天猫历年双 11 成交数据　历年淘宝销售数据统计一览［EB/OL］．（2018-08-01）［2021-05-27］．https：//www.360kuai.com/pc/99e4b4323c8430ef6？cota＝4&tj _ url＝so _ rec&sign＝360 _ 57c3bbd1&refer _ scene＝so _ 1.）

随着电子商务的迅速发展，电子商务的应用得到了更进一步的普及。一方面，原来以线下销售为主的大量商品转为线上销售，如生活服务类商品等；另一方面，电子虚拟产品的消费得到了有力促进，如软件、充值卡、游戏币等。

2. **调整结构**

20 世纪 90 年代以来，随着电子商务在我国的兴起和迅猛发展，其逐渐成为国家经济新的增长点和核心竞争力。电子商务能促进产业结构顺利调整、优化和升级，能促进第三产业发展。第三产业是指广义上的服务业，这是信息技术应用最密集、实现产出最多和高附加值空间最广阔的产业。应将电子商务应用到第三产业中，从而推动第三产业的信息化和高技术化快速发展，加强对现有资源的整合，以推广、普及和应用为目标，加快建设电子商务平台，以促进信息高效、有序流动，提高第三产业的综合竞争力，全面提高我国的电子商务水平。

电子商务的顺利应用能加快第三产业的发展。目前，第三产业提供的服务不仅包括传统的销售服务，同时正积极地向知识型、文化型服务转变。在其转型过程中，服务和知识经济发展的基础和重要途径是电子商务的发展和全球信息网络建设。电子商务加快第三产业发展的表现主要有以下几个方面。

一是信息技术设备和信息化生产管理方式在第一、第二产业的广泛应用，极大地提高了这两个产业的劳动生产率和产品生产能力，使企业的富余劳动力转移到了第三产业，在有效提高了劳动生产率的同时降低了生产成本。这样企业可以用更低的价格将商品出售给批发和零售服务部门，同时不减少自己的利润，从而使流通和运输服务部门能够获利并得到发展。

二是互联网的发展和计算机应用的普遍化使得更多人开始学习计算机技术，这就促使了教育和培训业务的发展。

三是现代信息化建设的推进使社会分工趋于明确，社会分工的明确又促进了第三产业出现新的分化，促使信息产品制造业中的信息技术应用及其服务业从中分离出来，从而形成新的产业层次，使产业结构的重心发生了转移。

3. **自主创新**

自主创新能够加快电子商务的发展，反过来，电子商务的发展也能够有效地推动自主创新，二者相互促进、共同发展。一方面，电子商务的发展让企业有足够的能力进行自主创新，商务智能技术和数据挖掘技术都能在一定程度上提高企业的自主创新能力。电子商务的众多优点（如降低运营成本等）也能让企业心无旁骛地进行自主创新。另一方面，电子商务让企业有足够的动力进行自主创新。在竞争如此激烈的电子商务时代，新企业会更快地崛起，老企业也会更快地灭亡。在这样的背景下，企业必须加快自主创新，提高核心竞争力，否则只能被时代所淘汰。

（二）经济增长效率方面

1. 改革

未来中国经济工作的关键应当是电子商务行业的改革，而改革工作的重点之一就是处理好政府和市场的关系，让市场更好地发挥在资源配置中的决定性作用。

目前中国电子商务能迅速发展，主要归功于市场化发展。之前行政机构对电子商务交易平台的干预较少，因而电子商务交易平台内部自发形成了大量自治制度和自治规则，以此约束平台参与者，这些制度和规则不断地发展、完善并趋于成熟，逐渐形成了繁荣的全国性网络市场和电子商务服务业体系。对于处理政府与市场关系，电子商务的发展就是典型的案例，在新兴产业的发展过程中，政府应给予企业更多的市场空间和宏观支持，这十分有利于新兴产业的发展。同时，电子商务的发展能帮助优化政府与市场的关系，在资源配置中，其能使市场的基础性作用更好地发挥。电子商务的交易成本低、信息透明且开放，它的发展可以提高市场的竞争水平，还可以在一定程度上抑制“寻租”行为。

2. 信息产业

电子商务能促进信息产业的发展，信息产业能为电子商务提供技术支持，二者相互促进、不可分割。电子商务的发展能有力地推动信息产业的发展。一方面，电子商务的产生和发展是随着现代信息技术的发展和应用而进行的，电子商务的各个环节都离不开强有力的信息技术支撑，电子商务的技术基础就是信息技术，因而信息技术的发展能推动电子商务的发展与成熟；另一方面，电子商务的发展和新业务模式的产生对电子商务技术提出了新的要求，使得电子商务技术需要不断地突破并发展，这必将促进信息产业的发展。因此，很多信息产业集聚地的电子商务也都蓬勃发展起来，例如，电子商务十大创新创业城市之一的浙江省金华市，其本身是信息产业集聚地，同时是电子商务的创新乐园。

近年来，金华市的信息产业展现出十分强大的集聚能力，其雄厚的产业基础是电子商务发展的强有力的产业支撑。《谈金华市信息产业的人力资源问题——以硅谷指数、中关村指数为视角》一文显示，2013 年前后，已有 70 多家全球电子商务门户网站集聚在金华市四大园区，数量仅次于杭州市；其中还有 3 家“中国商业网站 100 强”企业和 9 家“中国电子商务 100 强”企业，金华市的行业网站百强企业数量与上海市一样，处于全国领先水平；同时，四大园区拥有众多的“中字号”行业网站，全国范围内，在金华市创业科技园落户的较有影响力的网站就有近 20 家，其中包括中国包装网、中国花木网、中国食品产业网[①]（旗下有中国酒网、中国食品展会网）、中国服装人才网、中国日化网、中国五金网等。阿里巴巴研发中心发布的《2018 年网商发展指数报告》显示，在网商发展指数百强城市排名中，金华市排在全国第八位，在浙江省内排第二位，仅次于杭州市。在淘宝全国十大卖家城市中，金华居第六位。目前金华市全市共有 7 万多家网店，其中入驻淘宝网的网店有超过 5.8 万家，约占淘宝网上所有网店的 1%，全国超过 75%的日用百货类网货的直接来源或间接来源都是义乌市场。

（三）对外开放方面

电子商务是全球性的，美国等发达国家对电子商务的发展非常重视，这些发达国家积极投身于提出电子商务应用和税收等的相关标准和规范，这是为了将自己国家制定的标准推广到全球，以此将国际话语权掌握在自己手中。在全球化进程中，未来电子

① 现已更名为食品产业网。

商务将会占据越来越重要的战略地位。

电子商务可以提高我国在全球价值链体系中的地位。在现有的全球渠道体系中，传统的线下渠道几乎都被发达国家的大型批发、零售跨国企业垄断了，其他国家想要打破现有的垄断有很大难度，而电子商务交易平台的诞生和发展为打破这种垄断提供了突破口。目前，电子商务的相关标准和规范尚未在全球范围内达成广泛的认同，各国使用的体系尚不相同，现在加快发展电子商务，十分有利于掌握国际话语权。此外，很多国际著名的电商企业在我国也并没有获得很好的发展，例如，eBay（易贝）很早就想占据我国市场，却以失败告终。现在是我国提高在全球价值链体系中地位的大好时机，我国应当大力推广跨境电子商务，将我国的电商品牌推广到海外。阿里巴巴研究中心的研究报告指出，通过电子商务交易平台逐步获得消费者认可的原创性网络品牌已数不胜数。

（四）社会发展方面

1. 收入分配

改革开放以后，我国居民的生活水平有了明显的改善和提高，但是收入分配差距大的问题越来越突出。国家统计局的数据显示，2012 年我国的基尼系数已经达到 0.474，将警戒线远远地甩在了后面，这意味着 10％左右的家庭拥有城镇居民总财产的 45％左右，解决收入分配不均问题已刻不容缓。而电子商务可以有效地缓解收入分配不均的问题。

一方面，电子商务可以促进就业。就业对收入分配的影响毋庸置疑，因为失业会直接造成贫困，从而拉大收入分配的差距。较高的失业率无疑意味着较多的居民处于贫困状态，电子商务行业的直接就业人数每年都在增加，由此可见，电子商务可以大幅度提高就业率，这对调整收入分配可以起到积极作用。

另一方面，电子商务可以促进中小企业发展。中小企业的发展可以使更多人成为中等收入群体的一员，这样可以使整个社会的收入分配状况趋向于“两头小、中间大”，从而有效地缩小贫富差距。美国和欧盟都将中小企业看作国家经济的脊梁，这些国家将中小企业看作经济中等阶层中的重要和基础的组成部分。由此可见，中小企业的发展能对收入分配起到积极作用。

2. 城镇化

电子商务能够加快城镇化进程，城镇化建设和发展也能促进电子商务发展。一方面，电子商务服务业在促进消费、稳定出口、扩大投资、提升传统产业竞争力、带动区域制造业高质量发展、发展现代服务业、调整城镇产业结构、增强城镇竞争力和创造就业等方面都发挥了积极的作用，电子商务服务业是支持城镇化发展的重要产业之一，未来必将成为城镇经济发展中非常重要的产业。当前，很多城市都把电子商务服务业作为城市现代服务业发展的重点，它们采取建立电子商务产业园区和提供政策优惠等措施吸引服务商对电子商务行业投资。另一方面，电子商务交易平台能有效带动当地产业的发展，例如，在江苏省徐州市睢宁县沙集镇、河北省邢台市清河县的农村地区，电子商务交易平台就带动了就业，从而推动了当地城镇化发展。由此可见，电子商务服务业能推动城镇化发展。

电子商务的发展不仅加快了城镇化进程，还提高了城镇化质量，特别是提高了城镇的商业服务水平。一方面，电子商务的发展在一定程度上使商业服务的提供不再依赖于城市商业设施，为具有互联网基础设施和物流基础设施的城镇购买国际化商品、一线品牌商品和区域特色商品提供了可能；另一方面，电子商务的发展让城市商业设施朝着体验商业、社区商业的方向发展，有效提高了城镇的商业用地集约化水平（见图 6-3）。

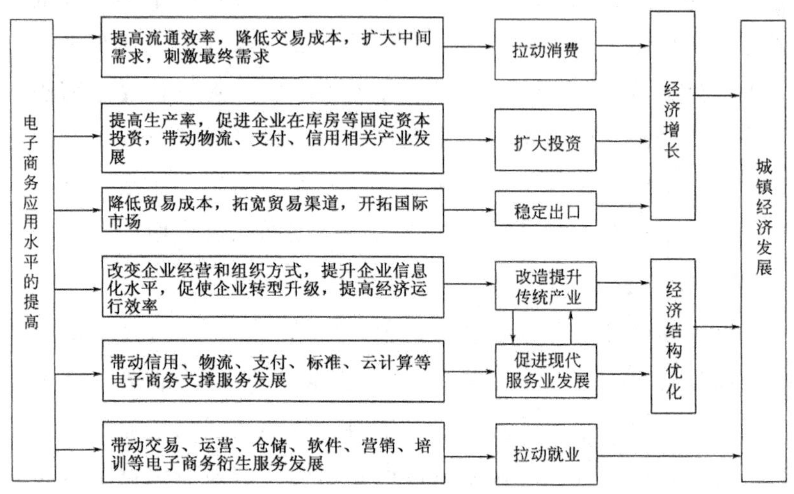

图 6-3　电子商务对城镇经济的影响

（资料来源：荆林波．中国城市电子商务影响力报告［M］．北京：社会科学文献出版社，2012.）

3. 文化发展

电子商务的发展使得网络文化由此产生，毫无疑问，电子商务的发展促进了网络文化的发展。实际上，网络文化与现实文化密不可分，现实文化在虚拟社区中的投射形成了网络文化。当前，网络文化发展迅猛，在文化市场中的比例越来越大。很多学者都认为发展中国特色网络文化对我国的文化发展十分有利。

国务院新闻办公室表示，我国互联网正快速发展，网络文化创造活动层出不穷，这些网络文化活动提供的精神文化产品丰富了人民群众的精神世界。2020 年，面对突如其来的新冠肺炎疫情，互联网显示出了强大力量，对打赢疫情防控阻击战起到关键作用。我国的网络文化在促进经济调整和转变经济增长方式中发挥着日益显著且不可替代的作用。

《中国互联网络发展状况统计报告》显示，到 2020 年年底，我国网民规模达 9.89 亿人，较 2020 年 3 月增长 8540 万人，互联网普及率达 70.4%。

4. 生态保护

电子商务是绿色、环保的，它有助于生态保护。电子商务的发展不仅减少了污染，还带动了环境保护行业的发展。2012 年，阿里巴巴公益基金会通过了民政部审核，由民政部直接负责。阿里巴巴公益基金会与其他非公募基金会不同，它的主公益范畴是环境保护，其还将企业资源和平台模式融入公益领域，让公益项目获得持续、健康发展，让全球的中小企业和创业者通过电子商务生态体系可以更好地生存和发展。

电子商务在生态保护中所起的作用主要体现在以下四个方面。

一是卖方对产品的介绍、宣传可借由互联网实现，减少了线下广告等产生的大量费用，减少了大量的资源消耗。

二是电子商务是“无纸贸易”，大大减少了文件处理过程中产生的资源损耗。

三是互联网为买卖双方随时随地沟通供需信息提供了可能，卖家可以实现无库存生产和销售，减少损耗，降低库存成本。

四是利用企业的内部网可实现“无纸办公”，从而使企业内部信息的传递效率得到有效提高，节省了大量时间，降低了生产、运营和管理成本。借助互联网，公司总部、代理商、子公司和分公司可以联系在一起，从而能根据各地的市场情况及时做出反应、调整策略，即时生产、即时销售，大大降低存货费用，减少浪费，降低生产成本。

电子商务对中国经济转型和升级的推动作用并不是只有以上四个方面。因此，在未来的中国经济发展中，应更加重视电子商务的发展，确立其在新兴产业中的战略性地位，通过电子商务的发展来促进经济内生动力持续增长，提高经济增长率，实现经济社会和谐发展。

三、电子商务对经济发展的作用

（一）对经济竞争力的作用

无论是从理论研究还是实践调研的角度来看，电子商务对我国经济竞争力的发展都具有促进作用。下面将从产业结构、创新能力、品牌价值和中小企业发展四个方面来加以说明。

1. 产业结构

全球化与信息化相互交织、工业化与信息化相互促进，电子商务凭借传统商务模式无法比拟的优势，对人类的生产方式、竞争方式、交易方式、就业结构和产业结构产生影响。在信息产业不断发展壮大、传统产业不断改造、产业结构不断优化与升级等进程中，电子商务的兴起与发展发挥着举足轻重的作用。电子商务在产业结构优化与升级中的地位如图 6-4 所示。

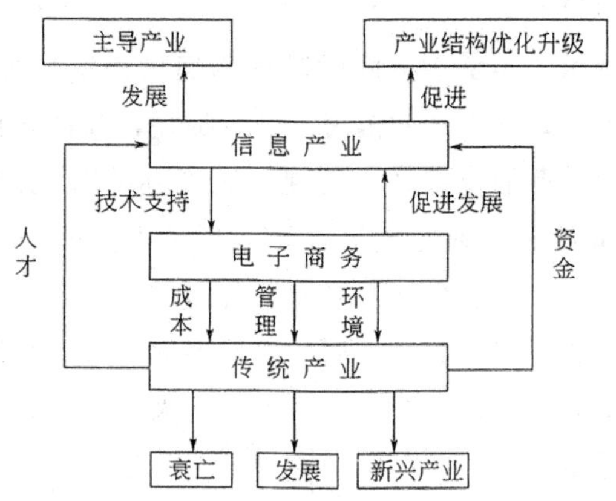

图 6-4　电子商务在产业结构优化与升级中的地位

促进信息产业不断发展是电子商务对产业结构优化升级的作用之一。信息产业具有很高的产业带动度、关联度和感应度，包括信息内容加工与服务业、软件业、信息设备制造业等。“七五”以来，我国信息产业的发展速度一直是GDP增长速度的三倍，是其他产业无法比拟的。电子信息产业具有先导、基础和战略作用，在我国国民经济中逐渐占据重要地位。同时，电子商务、网络通信技术、信息处理技术的成果不断向企业、社会各个层面渗透，影响越来越大，从根本上对人们的生活方式与生产方式产生深刻影响。

随着电子商务的不断发展，人们对电子商务的需求也逐渐多样化，为电子商务企业提供了许多的商业机会，而要把握住这种商业创新机会，必须有技术上的革新与发展。也就是说，服务模式需求的多样化促进了电子商务技术的发展，而这种需求推动着信息产业不断发展壮大。

另外，电子商务对现代服务业起着很强的推动作用。在经济发展过程中要提高经济增长质量，重要的是优化产业结构。电子商务是高新技术的重要组成部分，是传统产业改造升级、我国高新技术产业发展的强力支撑，其加快了产品的升级换代，加快了产品结构的调整，增强了产品的竞争力。此外，还加快了电子商务与产业融合，不断发展了数字化医疗、现代金融、现代物流、现代传媒等新兴服务业，使得产业结构不断调整、优化和升级。更重要的是，产业结构调整是促进信息产业发展的关键，电子商务应用与信息产业发展有着相互推动的关系。以信息化带动工业化发展的核心是电子商务的发展。

电子商务对产业结构的调整和升级起着促进作用，同时又促进了市场需求和供给的扩大。随着电子商务的不断发展，其对信息服务的需求也在不断增加，同时，电子商务对信息技术的要求不断提高，促进信息产业不断发展与创新。在信息产业不断创新的过程中，产生了许多新产品，这创造了新需求，丰富了社会总供给，推动了经济持续、稳定发展，促进了产业结构的调整和升级。推动传统产业与电子商务进行良性互动，鼓励并引导信息产业为传统产业提供优质的信息产品和服务，不断吸收和消化由传统产业分离出来的人才和资金，可以大力促进传统产业信息化，实现信息化带动工业化，使得产业结构不断优化与升级。

2. **创新能力**

电子商务对创新能力的影响主要表现在两个方面：一是电子商务使企业拥有更强的动机来创新，二是电子商务技术使企业创新能力不断增强。

从演化经济学方面来看，创新是分工的基础，分工是创新的社会化表现，创新及其扩散促进了分工的进一步发展。美国经济学家施穆克勒认为，市场是创新的重要驱动力，创新使得市场扩大和投资增加，市场扩大和投资增加又带来了更多的创新。因此，创新和市场两者之间存在着互为因果、循环累积的反馈机制。

现在，随着电子商务的不断发展，各行各业都有电子商务的身影。电子商务降低了行业进入门槛，使得每个行业每年都会涌现千千万万个新企业。随着越来越多的企业进入市场，市场供大于求，越来越多的行业需求逐渐接近饱和。在上述情况下，如果企业不进行创新，那么就会导致自己所生产的产品或提供的服务不能满足消费者，进而很快地被企业的洪流淹没。企业要想业绩更好，甚至说要想生存下去，就必须不断地进行创新。网络环境的方便快捷性使得企业必须转变服务观念、强化服务职能，凭借信息网络技术不断优化、创新独特的服务模式，从而保证企业自身商业贸易活动正常运行和进一步发展。所以说，电子商务为企业提供了更强的创新欲望。

除此之外，电子商务为企业提供了更强的创新能力。电子商务技术可以提升企业的研发能力，进而提升企业的创新能力。在竞争激烈的信息时代，企业必须确保网络赋予的强大功能优势与企业现有的业务流程完美结合，成为由内到外无懈可击的电子商务有机体。企业运用 ERP、CRM 等电子商务解决方案，可以整合资源，更快地捕捉市场机遇，极大地降低成本，更好地满足需求，更快地提升竞争力，获得更理想的发展空间，建立起可持续盈利的新型商务模式。

3. 品牌价值

电子商务能够影响企业的品牌价值，电子商务甚至可以创造提升品牌价值的奇迹。

从理论方面来说，利用网络营销手段建设企业品牌是电子商务影响企业品牌价值的主要体现。如果企业想要通过树立品牌来实施差异化战略，那么企业就必须做好自己的网站。这是因为网站为企业塑造形象提供了强有力的手段，通过网站企业可以展现出自己与其他同类企业在产品服务上存在的差异，进而提升客户对其的认可度及忠诚度。质量是一个品牌的基础，是客户选择企业产品的重要依据。企业要想提升品牌的普及度、美誉度和忠诚度，就需要获得客户的肯定。品牌具有一定的附加值，主要体现在客户认知度，而差异化是在竞争中取胜的必要条件。品牌竞争越强势，其附加值就越高，运作成本也就越高。在竞争中，各个企业都应该明确自身的市场定位，并在网站中明确展现出来，只有塑造出具有鲜明个性的品牌，才能引起消费者的注意，让消费者逐渐从了解到信任，再到忠诚。品牌的作用更多地体现在精神层面，可以影响消费者所做出的决定，建设网站主要是为了说服消费者选择购买该企业的产品和服务。因此，网站关于品牌的展现主要集中在以下两方面：一是通过设计视觉元素给消费者留下深刻的印象，使消费者牢记品牌；二是展示本品牌与同行业其他品牌的差异，建立消费者与企业之间的信赖关系。

4. **中小企业发展**

从数量和所占经济总额上来看，在国民经济中，我国中小企业的地位无疑是稳步提高的。中小企业的生存与发展关乎整个国家经济的稳定发展。中小企业开展电子商务，扩大了市场范围，降低了企业运营成本，提高了企业管理效率，中小企业必将成为电子商务发展的主力军。

2013 年，我国有 93.1%的企业使用计算机办公，83.2%的企业使用互联网办公。CNNIC（中国互联网络信息中心）发布的数据显示，在发达国家中有 95%的规模在 50 人以下的小微企业使用互联网办公，其中，欧盟 27 国有 94.2%的企业使用互联网办公。2010 年，韩国有 98.2%的企业使用互联网办公。除此之外，大部分国家中 50 人及以上规模的企业有接近 100%的企业使用互联网办公。从上述数据可以看出，我国的中小企业的互联网普及率与国外发达国家相比还存在着一定的差距。对我国的中小企业来说，电子商务是一把双刃剑，在该领域既存在机遇也存在挑战。

（1）电子商务对中小企业的积极作用。

从成本方面来看，企业最根本的竞争优势是具有相对较低的运营成本。企业花费较低的成本为消费者提供同等质量的产品，或者花费同样的成本为消费者提供质量更好的产品，这就使得企业具备更强的市场竞争力；与之相反，企业就会缺乏市场竞争力。信息技术使得企业形成了普遍的二元成本特征，使得企业大量的可变成本沉淀成固定成本，这就是人们所说的将信息技术转换为成本效应。在虚拟世界里，比较网站所造成的价格压力，其他无所不在的产品事实上更有利于中小企业与网上的大型企业进行竞争。这主要是因为中小企业具有低成本结构的竞争优势，所以能够与大型企业竞争。电子商务将信息技术转换为成本效应，使得企业边际成本逐渐降低。这种边际成本降低既可以表现在产品成本上，也可以表现在管理成本上，也可以在两个方面同时存在。

从效率方面来看，运作效率高既是企业生存的根本，也是企业具有核心竞争力的表现形式。电子商务提升企业核心竞争力可以通过以下方式进行：一是强化管理；二是精减中间环节；三是加强内外部信息流通；四是提高企业运作效率。电子商务既能够改善管理环境，提高企业管理效率，又能够提高经营效率，为企业带来新的效益。

从营销方面来看，在激烈的市场竞争中，中小企业需要重视培育核心竞争力。电子商务凭借互联网突破了时间与空间的限制，拓展了企业服务范围，同时通过网络营销创造了新市场，提升了企业核心竞争力。

从客户服务方面来看，企业制胜的重要资源之一是客户资源。企业为了吸引新客户、留住老客户，采取的措施是满足客户需求，提供更全面的服务。电子商务让企业能够为客户提供 24 小时服务，最大限度满足客户要求，提升了企业的核心竞争力。电子商务既可以采取不断创新的方式来满足客户的潜在需求，也可以通过提升满足客户对产品种类需求的能力来培育核心竞争力。

(2) 电子商务在中小企业运营中的问题。

一是中小企业对电子商务的认识有待加深。一些企业还对电子商务不太理解，认为电子商务就是建立一个企业网站，还有一些企业认为电子商务就是电子支付。

二是企业信息化过程缓慢。中小企业由于自身原因，如融资渠道少、经济实力较弱，不能进行企业的信息化建设。同时，电子商务要求企业改变管理方式、组织结构和业务流程，这使得企业必须进行信息化建设与管理。

三是电子商务人才缺乏。许多中小企业缺乏懂技术、懂管理的复合型人才。企业管理者没有意识到发展电子商务的重要性，同时中小企业由于自身实力较弱对人才的吸引力不足，而且企业缺乏对相应人才的培训。

电子商务成为中小企业提升核心竞争力的重要手段。这主要表现在提高运作效率、降低运营成本、改善客户关系和供应链管理、拓展市场上。电子商务有利于提升企业战略管理能力，有利于提升企业核心制造能力，有利于提升企业核心营销能力，有利于创造独特的企业价值链，有利于提升界面组织与管理能力等。

发展电子商务既能提升中小企业的核心竞争力，也能改变中小企业的贸易模式，是中小企业开拓海外市场的重要渠道。

由于电子商务降低了国际贸易的门槛，许多中小企业进入了国际贸易市场。以往大型企业的大宗贸易在国际采购中所占的比重呈现出日益下降的趋势，取而代之的是中小批发商、零售商或消费者个人。中小型制造企业（或对经营进出口业务有兴趣的个人）可以通过电子商务平台参与贸易。

（二）电子商务对可持续发展能力的作用

1. 电子商务对国民经济可持续发展能力的作用

电子商务与传统商务相比，存在着减少油电能耗的优势，减少了二氧化碳的排放量。阿里巴巴研究中心发布的《电子商务的环境影响报告》显示，电子商务在一定程度上大大节约了物耗。这里以淘宝网零售的服装、鞋、手机、笔记本电脑四大类商品为例，2009 年全年淘宝网这四类商品的零售一年节省了近 4 万吨纸、1800 余吨玻璃、900 余吨铝、900 余立方米板材等（见表 6-1），但多消耗了 4000 余吨的塑料，这主要来自网络零售产品的包装。

表 6-1　淘宝网零售一年节省资源情况

资源	节约量
纸	近 4 万吨
玻璃	1800 余吨
铝	900 余吨
板材	900 余立方米
油耗	34415.49 万升
电能	15.06 亿度

（数据来源：2011 年《电子商务的环境影响报告》）

根据《电子商务对区域经济发展的影响及策略》的数据，2009 年，网络零售节约油耗 34415.49 万升，节约电能 15.06 亿度，减少二氧化碳排放量约 204.1 万吨。同时，根据对服装、鞋、手机、笔记本电脑的抽样计算，从物质消耗方面来看，网络零售减少了二氧化碳排放量约 8.3 万吨。2009 年通过淘宝网进行的电子商务交易额，与等值传统商务交易额相比，相当于减少了约 212.3～261.3 万吨的二氧化碳排放量。按照森林每生长 1 立方米木材可吸收约 1.83 吨的二氧化碳算，2009 年淘宝网电子商务所减少的二氧化碳排放量相当于森林生长 116 万～143 万立方米木材吸收的二氧化碳量，按照我国人工林每亩木材蓄积量为 3 立方米计算，相当于为我国增加了 39 万～48 万亩的人工林。

电子商务大大促进了我国经济的可持续发展。电子商务服务业是一种第三产业，促进了经济结构向第三产业转变，改变了重工业支撑模式，改善了我国整体经济结构。电子商务促进经济的可持续发展，主要表现在以下三个方面。

（1）优化产业结构，促进国民经济的可持续发展。

由于各种以电子商务为中心所产生的新兴服务业都具有很高的附加值，加大电子商务服务业所占比重能够很好地优化产业结构。电子商务服务业的发展一定会使整个电子商务经济快速发展，电子商务经济的发展也会优化产业结构。

（2）降低传统产业比重，减少资源浪费。

电子商务具有很大的发展潜力，其自身的特殊性带来了很高的附加值和利润。只要电子商务做得好，企业的盈利与传统企业相比就会高得多，而由于高额利润，企业会获得更多的资本投入。由于电子商务是一种新兴的产业，其可利用的价值并未被完全发现，换句话说，随着技术的不断发展与更新，进入电子商务的资本也会变得越来越多，使得传统产业所占的比重减少，避免了资源的大量浪费。

（3）促进企业可持续发展，为经济的可持续发展奠定基础。

电子商务给各个行业的企业都带来了竞争压力，若企业不能及时更新技术、采用新模式，那么不管它曾经多么辉煌，也将会被汹涌的“电商大军”所淹没。因此，电子商务的不断更新换代，使得企业也不得不具有创新精神，不得不适应变化，从而进一步增强了我国企业的核心竞争力，提高了我国企业的创新精神，促进了企业可持续发展。

2. 电子商务对企业可持续发展能力的作用

电子商务是一个更新换代快的领域，一个行业巨头很可能在很短的时间内就会被不知名的企业所打败，这样的案例在我国比比皆是，例如，神州数码控股有限公司是曾经的 IT 分销巨头，但现在的分销业务已经惨不忍睹，它的最大竞争者是曾经毫不起眼的京东商城。电子商务存在着强烈竞争，让每一个电商企业都充满了创新意识，不敢停止持续创新的步伐。可以说，电子商务一直在鞭挞着企业提高可持续发展能力。

但电子商务也有温柔的一面，当企业刚刚接触电子商务时，电子商务使得企业成本大幅降低，提高运营效率。

（1）打破信息壁垒，使企业更容易获取信息。

信息技术与网络环境是电子商务的支撑，可以促进信息的传递，使其更加简单快捷。电子商务发展过程中产生的数据越来越多，这些数据中存在着大量的信息，使人们越来越倾向于在网络上寻求这些信息。通过电子商务，企业可以收集到很多行业竞争者的信息，降低获取信息所花费的成本。

（2）减少供应链环节，降低成本。

电子商务能够很容易地将企业与企业、企业与消费者联系起来。企业与消费者可以方便、快捷地通过网络市场进行交易；企业与企业可以通过信息系统共享信息，提高业务合作水平，避免不必要的中间环节，降低成本，提高资金周转效率。

（3）实现全年全天无间断服务。

因为电子商务具有虚拟性，进行电子商务交易时并不需要所有参与者时刻在线，在没有工作人员的情况下，通过计算机程序的设定，电子商务交易仍可以正常运转。因此，企业不用担心因时间限制而丢失部分消费群体。

（4）为企业进军海外、拓展市场提供助力。

在国家“走出去”战略的支持下，我国的很多企业都跃跃欲试，积极开拓国际市场，但是跨境贸易存在着严重的壁垒。由于成本高和资金周转速度较慢，众多中小企业都在望洋兴叹。然而电子商务的快速发展使中小企业看到了希望，由于电子商务成本较低，很多中小企业可以参与到跨境贸易中来，而跨境电商平台为中小企业提供了客户。由于参与企业数量的快速增加，我国整体跨境贸易竞争力逐渐提升，培养了一批具有真正竞争力的跨境企业。

（三）电子商务对协同创新的作用

电子商务对产业链上的协同创新的作用主要是电子商务通过对信息资源的挖掘，改变了传统经营模式，使得供应链协同创新达到了一个更高的层次。

1. 供应链节点单位有了更好改变

电子商务的快速发展，促进了供应链上信息和资金的流动，加快了企业之间的联系向多渠道转变。例如，为了给消费者提供最令其满意的产品与服务，供应链的销售部门需要与制造商的采购、设计等部门进行不断交流、合作。另外，随着消费者不断追求个性化、差异化，制造商与供应商需要共同进行产品设计，向一体化发展。企业在电子商务时代完全实现了配送与经营的网络化，供应链上下游企业通过网络进行业务往来，完成交易。总之，电子商务在整条供应链上发挥着巨大作用，使得节点企业趋向一体化。

2. 电子商务对信息共享和业务流程合作的影响

（1）资料集合。

资料集合是一种企业间的信息分享。在供应链运行过程中需要很多的资料，如管理资料、作业资料、金融资料等。管理资料能够使供应链高效运行，供应链上的机构公开给大家共同使用的信息，可以在供应链上各机构之间进行流动；作业资料是整条产业链上的一种微观层次，能够让企业清楚地看到供应链新科技系统的工作步伐；金融资料一般只能在物流的基础上产生，它所展现的是各企业之间的资金流向。如果能使整条产业链上的所有企业共同分享信息，那么就可以充分避免因为消息不同步而产生的各种问题，实现利益最大化。

（2）业务合作。

电子商务的不断壮大，对整条产业链上各方面的业务合作产生了重大影响，各个单位在进行业务合作之后，企业的运营流程、内部管理、采购、销售、对外服务等都得到了整理，直至密不可分，使得整条产业链的工作能力得到提升。

3. 供应链技术共享

人们大多数会用 EDI（电子数据交换）预测，数据共享技术解决供应链技术共享问题。EDI 预测对供应链上各节点进行资料交换发挥了很重要的作用，它连接着供应链的信息技术应用系统。在技术共享和共同运作过程中，只有最末端的客户群体需求变幻莫测。对于各节点来说，其必须对客户群体的需求进行准确、有效的分析判断。这时，EDI 预测就发挥着很重要的作用，它能够帮助各节点判断客户群体的需要，减少支出。

如果有业务流程合作的机构在各个节点上都能够整合后台数据，也就能做到让这些机构共同分享资料，这样就能够实现信息的实时共享，当然，前提是不能共享企业内部的机密信息。

四、小结

（一）现状综述

电子商务的迅速发展对我国经济转型升级起到了十分重要的促进作用，具体体现在以下几个方面。

第一，在扩大内需方面，商务部发布的《中国电子商务报告2019》显示，2019 年，全国电子商务交易额达 34.81 万亿元，电子商务从业人员达 5125.65 万人。作为当前数字经济中表现最活跃、发展势头最好的新业态、新动能之一，电子商务正逐步成为居民消费的主要渠道和经济增长的关键动力。

第二，在调整产业结构方面，电子商务与制造业的融合已成趋势，产业链上下游协同效率得到大幅度提高，制造业潜力得到释放，智能定制新消费模式加速酝酿。B2B 电子商务平台与产业链中的各方建立数字化连接。一类是横向整合供应链服务技术、资金物流和加工等资源，推动订单数字化，提高供应链环节数字化运营效率。另一类是纵向深入上下游企业数字化改造，在供给侧推进智能制造和柔性供应链，在需求侧推进采购数字化，提升产供销全线协同效率。

第三，在对外开放方面，2019 年，中国主要跨境电商平台加快国际化步伐，实施升级战略，吸引海外卖家入驻。如阿里巴巴实施“本土到全球”战略，全球速卖通（AliExpress）已向欧洲多国的中小企业开放平台注册。京东国际 2019 年依托跨境物流优势打通 1000 条以上国际运输线路，新引入进口品牌超过 3000 个，其全球供应链体系已经成为海外品牌和优质商品进入中国市场的“快车道”，面向欧洲、中东、南亚等地区的跨境电子商务平台，推出多语种平台服务，将发展当地卖家作为业务重点。还有一些跨境电子商务物流企业向供应链服务转型，支付类企业向跨境金融整合服务商转变。

第四，在平衡社会发展方面，根据《中国电子商务报告 2019》，2019 年，中国电子商务从业人员达 5125.65 万人，其中，电子商务直接吸纳就业和创业人数达 3115.08 万人，电子商务带动信息技术、相关服务及支撑行业从业人数达 2010.57 万人，对减少失业起到了重要作用。

第五，在文化发展方面，《2018 中国网络文学发展报告》显示，截至 2018 年 12 月，网络文学用户规模达到 4.3 亿人，网络文学作品总量超过 2400 万部，其中签约作品近 130 万部。国内重点网络文学网站签约作者达 61 万人，并有上千万名作者参与创作。

第六，在生态保护方面，从阿里巴巴研究中心的数据可知，2009 年，通过网络零售节约了约 15.06 亿度电，减少油耗 34415.49 万升，从而减少了二氧化碳排放量约 204.1 万吨。

电子商务不仅在增强经济内生动力、提高经济增长效率、加快对外开放和平衡社会发展等方面起到重要的促进作用，还对增强我国经济竞争力、提高可持续发展能力和促进协同创新起到推动作用。

（二）发展趋势

1. 有效扩大内需

目前，电子商务正处于快速发展时期，还有很大的发展空间，而电子商务的快速发展必然会扩大内需，从而对我国的经济发展起到更重要的作用。根据《中国电子商务报告》，2009 年网络零售占社会销售品零售总额的 1.9%，到 2019 年，网络零售占社会销售品零售总额的 20.7%，提高了将近 10 倍。

2. 供应链的协同创新

电子商务的发展使整个供应链实现信息共享，借助电子商务技术，企业实现管理信息、作业信息和财务信息的共享，减少节点企业间的信息不对称现象，从而有效保证供应链整体的利益。同时，电子商务的发展使企业的经营流程、销售流程和服务流程得以整合，改变了供应链节点企业间的业务流程结构，从而大幅度提高了供应链的运作效率。随着电子商务技术在传统企业中的逐渐普及，未来电子商务对供应链的协同创新会起到更强的促进作用。

3. 第三产业比重逐渐上升

电子商务引领了流通业的革命，它导致了流通方式发生改变，为流通业的发展注入了新的活力。根据《中国电子商务报告2019》，2019 年，全国快递服务企业业务量累计完成 635.2 亿件，同比增长 25.3%。快递业继续保持快速增长会使第三产业所占的比重稳步提高。

（三）存在的问题

1. 传统企业电子商务应用存在缺陷

虽然大部分传统企业都应用了电子商务技术，但仍存在很多问题。一方面，缺乏对电子商务活动本质的理解。电子商务是依靠电子手段实现商务活动。在实践过程中，有些企业管理层认为电子商务就是“电子+商务”，把电子商务应用重点放在技术上。有些企业甚至把电子商务解决方案全盘交给技术部门去完成，但因为绝大多数技术人员对商务活动不了解，使最终的电子商务解决方案偏离了商务活动目标，给企业造成巨大的经济和人员损失。另一方面，对电子商务活动存在观念上的误区。有些企业片面地认为电子商务活动就是在互联网上发布企业产品信息，或者在网上销售商品，或者开个网上商店，或者建个网站，就已经实现了电子商务，实际上这些都是不确切的。电子商务的内涵很广泛，其核心是实现电子化交易，电子商务强调的是交易方式和交易过程的各个环节。

2. 盲目投入与建设

电子商务在经济转型和升级中起到了重要作用，电子商务交易平台能有效降低流通成本并提高流通效率，但是某些地方政府对交易平台的投入过多。当前，各地政府都在兴办交易平台，就连地级市都积极投入其中，但是这些交易平台并不能吸引更多企业，经常是入不敷出。更严重的是，政府兴办的中小交易平台数量过多，反而限制了大型交易平台的发展，这会导致大型企业和中小企业都难以发展，造成严重的资源浪费。

（四）有效措施

1. 针对传统企业应用电子商务存在缺陷的问题

当前，电子商务的发展仍未引起很多传统企业足够的重视，针对这种情况，政府部门需要加大宣传力度，可以通过新闻媒体宣传电子商务的重要性；也可以通过颁布政策，促使企业提高对电子商务应用的重视程度；还可以通过评价与推广电子商务示范企业，树立传统企业向线上转型的典型，宣传传统企业在成功应用电子商务后获得的发展成果。

还有一些传统企业不了解电子商务规律，盲目转型而导致转型受阻或失败。针对这种情况，政府部门应当成立电子商务咨询小组，面向企业提供电子商务相关的咨询服务。政府还可以加强对企业的支持，促进企业间形成电子商务行业联盟，在联盟内成立咨询小组，实现行业内部自主管理，形成良性循环。

2. 针对盲目投入与建设的问题

明确盲目建立电商平台会引发的后果，明确电商平台发展到什么层次才是合适的，不仅要确定其规模，更要注意行业分类，要考虑是建一个综合的电商平台好，还是将几个行业分开，分别建立电商平台。

参考文献

[1] 余南平．逆全球化环境下的上海发展与创新［M]．西安：世界图书出版西安有限公司，2019.

[2] 商务部跨国经营管理人才培训教材编写组．中外企业国际化战略与管理比较［M]．北京：中国商务出版社，2018.

[3] 2017年度全球研发投入100强企业排行榜［EB/OL］．(2017-12-18)[2021-05-27]．https：//www.sohu．com/a/211088546＿468675.

[4] 穆胜．释放潜能：平台型组织的进化路线图［M]．北京：人民邮电出版社，2017.

[5] 德雷斯凯．国际管理：跨国与跨文化管理［M]．8版．周路路，赵曙明，译．北京：中国人民大学出版社，2015.

[6] 孙国辉，郭骁．跨国经营战略［M]．北京：化学工业出版社，2011.

[7] 余中东．企业国际化经营的产业发展效应研究［M]．北京：经济管理出版社，2009.

[8] 卢新德．信息传播全球化与中国企业经营国际化战略［M]．北京：中国社会科学出版社，2015.

[9] 郭羽诞，贺书锋．中国企业国际化经营战略研究［M]．上海：上海财经大学出版社，2010.

[10] 鲁桐．中国企业海外市场进入模式研究［M]．北京：经济管理出版社，2007.